普通高等教育"十二五"规划教材

科技信息检索

（第五版）

陈　英　主编

蔡书午　刘　霞
　　　　　　　　编著
赵宏铭　章　童

姚乐野　主审

科学出版社

北　京

内 容 简 介

本书以第四版为蓝本,以国内外信息检索系统的最新版本为素材,充分展示了国内外信息检索系统最新动态与使用方法,新颖性突出,在更广、更新、更深的层面上体现了当代社会对培养高校学生信息素质能力的要求。本书由信息概论与信息检索原理及技术、信息检索、信息资源的分析与利用 3 大部分组成,共分 10 章。以国内外著名、权威、常用的网络数据库为典型代表,以实例分析其检索特性和主要检索过程,为学习者提供检索国内外学术论文信息、专利技术信息以及其他信息的途径、方法与技能;以信息资源的收集原则与整理方法和信息资源的利用与再生阐述了信息利用的基本思路。

本书既可作为普通高校本科生和研究生学习现代信息检索方法与技能的教材,又可作为教学、科研、工程技术人员和社会各界人士检索信息时的必备参考书。

图书在版编目(CIP)数据

科技信息检索/陈英主编. —5 版. —北京:科学出版社,2012.7

(普通高等教育"十二五"规划教材)

ISBN 978-7-03-035183-8

Ⅰ.①科… Ⅱ.①陈… Ⅲ.①科技情报-情报检索-高等学校-教材
Ⅳ.①G252.7

中国版本图书馆 CIP 数据核字(2012)第 167174 号

责任编辑:余 江 张丽花/责任校对:刘小梅
责任印制:闫 磊/封面设计:迷底书装

科学出版社 出版
北京东黄城根北街 16 号
邮政编码:100717
http://www.sciencep.com

北京九天志诚印刷有限公司 印刷
科学出版社发行 各地新华书店经销
*
2001 年 5 月第 一 版 开本:720×1000 B5
2012 年 7 月第 五 版 印张:13 1/2
2012 年 7 月第 17 次印刷 字数:250 000
定价:26.00 元
(如有印装质量问题,我社负责调换)

前　言

在人类步入信息社会的时代，信息已成为促进科技、经济和社会发展的新型资源。信息检索作为一种科学的学习方法，作为获取已知知识信息、创造新知识，不断改善自身知识结构的重要途径，已为人类社会所共识。如何以网络环境为依托，使用现代信息检索系统，跨越时空获取相关的知识信息，是当今社会人们亟需掌握的基本技能。编者根据高校学生、科研人员、工程技术人员和社会各界人士在网络环境下学习、掌握信息检索技能的需求特征，对《科技信息检索》一书第四次进行修订，与国内已出版的同类教材比较，主要特点如下：

（1）在整体规划上，集科学性、系统性、先进性和实效性为一体。科学性是指本书涉及的内容是属科学研究工作的组成部分之一；系统性是指本书以现代信息检索技能的理论与实践为主线，全面系统由浅入深、循序渐进地阐述信息检索的理论方法与实际操作过程；先进性是指本书以网络环境下的信息检索与利用为核心内容，充分反映了利用网络、通信及数据库技术对实现信息检索目的优势；实效性是指本书列举了众多实例，以实例阐述抽象的概念和术语，达到掌握其基本原理的要求，以实例阐述其检索技术的使用和检索流程，达到学以致用的目的。

（2）内容全面、选材新颖，实用性、操作性强。本版内容延伸了学科范围，涉及社会科学、自然科学、工程技术的相关领域。各章节内容素材直接源自国内外著名网络信息检索系统的最新版本，根据版本变化，内容上做了大幅度的增删，充分展示了国内外网络信息检索系统的最新动态与使用方法，实用性强；检索实例的撰写更注重方法与步骤，强化了信息检索技能的训练，兼有实验指导功能，操作性强。

（3）在结构体系上，将第四版第 3 章调整到第 9 章，既保持各章节相互关联，又可自成体系独立使用，更适应不同层次读者的需求。

本书由信息概论与信息检索原理及技术、信息检索、信息资源的分析与利用 3 大部分组成，共分 10 章。

第 1、2 章揭示了信息、知识、文献三者的关系，分析了文献信息资源的类型与特点以及文献信息资源与现代科技、经济的发展；分析了信息检索的类型与特点，叙述了信息检索原理的基本原理，列举了信息检索方法的基本思维及步骤，用实例详解了信息检索技术及应用。

第 3～6 章以中国知网、维普资讯、万方数据、Ei village、ISI Web of

Knowledge、SciFinder、Ovid、ScienceDirect 等国内外著名、权威的检索系统为典型代表，以实例分析了它们的检索特性和主要检索过程，为读者提供了检索国内外学术论文信息的途径、方法与技能。

第 7 章阐述了知识产权与专利权的三大特性，从专利信息的类型和作用辨析了专利技术信息与学术论文信息在内涵和利用上的区别。以中国国家知识产权局专利数据库、美国专利与商标局专利数据库、欧洲专利局数据库等为典型代表，以实例展示了其主要检索过程，为读者提供了检索国内外专利技术信息的途径、方法与技能。

第 8 章以超星数字图书馆、读秀学术搜索、Apabi 数字资源平台——电子书库和金图国际外文数字图书馆为典型代表，以实例展示了国内外电子图书的主要检索方法与阅读功能。

第 9 章以 Socolar、DOAJ、HighWire、SSRN eLibrary、中国科技论文在线、中国预印本服务系统、arXiv.org 与 viXra.org 等为典型代表，以实例展示了其检索过程，为读者提供了检索国内外网络免费学术信息的途径、方法与技能。

第 10 章以信息资源的收集原则与整理方法和信息资源的利用与再生阐述了信息利用的基本思路，以作者已完成的研究课题"磷化工国内外专利信息研究"的研究报告为实例，叙述了信息利用成果——信息研究报告的撰写示例，为读者在信息利用方面提供参考与借鉴。

本书各章节编写人员如下：

陈　英：第 1 章、第 2 章、第 9 章、第 10 章

章　童：第 3 章、第 7 章

蔡书午：第 4 章

赵宏铭：第 5 章、第 6 章

刘　霞：第 8 章

全书由陈英研究馆员修改和定稿，姚乐野教授主审。

本书是四川省"十二五"普通高等教育本科规划教材，得到了四川省教育厅、四川大学及教务处的关心与支持。编写中参阅了同行的有关论著，出版中得到科学出版社余江编辑的通力合作，在此一并表示衷心的感谢！

鉴于编者学识水平和选取的素材有限，书中难免出现疏漏之处，敬请同行和读者不吝指正。

编　者

2012 年 5 月于锦江

目　　录

第1章 信息概论

1.1 信息、知识、文献

1.1.1 信息

信息是用文字、数据或信号等形式通过一定的传递和处理来表现各种相互联系客观事物在运动变化中所具有特征内容的总称。因而可以这样认为，信息是事物存在的方式、形态和运动规律的表征，是事物具有的一种普遍属性，它与事物同在，存在于整个自然界和人类社会。

1. 信息的属性

信息所具有的基本属性可归结为以下 4 个方面：

（1）普遍性和客观性。世间一切事物都在运动中，都具有一定的运动状态和状态方式的改变，因而一切事物随时都在产生信息，即信息的产生源于事物，是事物的普遍属性，是客观存在的，它可以被感知、被处理和存储、被传递和利用。

（2）相对性和特殊性。世间一切不同的事物都具有不同的运动状态和方式，并以不同的特征展现出来，因而不同的事物给人们带来不同的信息。

（3）实质性和传递性。事物在运动过程中和形态改变上所展现出的表征，是事物属性的再现，被人们认知后，就构成了信息的实质内容，并依附于一定的载体传递后，才能被接受和运用。

（4）媒介性和共享性。信息源于事物，但不是事物本身，是人们用来认识事物的媒介，信息能够共享是信息不同于物质和能源的最主要特征，即，同一内容的信息在同一时间、同一地域可以被两个以上的用户分享，其分享的信息量不会因分享用户的多少而受影响，原有的信息量也不会因之而损失或减少。

2. 信息的类型与载体

（1）信息的类型可从不同的角度划分。按形成的领域可分为自然信息和社会信息；按存在的状态可分为瞬时信息和保留信息；按表现的形式可分为文字信息、图像信息、语音信息等。

（2）信息本身不是实体，必须借助于一定的载体才能表现、传递和利用。载体是信息得以保存的物质实体。从古代的甲骨、金石、锦帛、竹简到现今的纸张、感光材料、磁性材料，信息载体和存储技术已发生数次质的飞跃，为人类存储、检索和利用信息提供了极大的方便。

在人类步入信息社会的时代，信息同物质、能源构成人类社会的三大资源。物质提供材料，能源提供动力，信息提供知识与智慧。因而，信息已成为促进科技、经济和社会发展的新型资源，它不仅有助于人们不断地揭示客观世界，深化人们对客观世界的科学认识，消除人们在认识上的某种不定性，而且还源源不断地向人类提供生产知识的原料。

1.1.2　知识

与信息密切相关的另一概念是知识。知识是人类在认识和改造世界的社会实践中获得的对事物本质认识的成果和结晶。即人类通过有目的、有区别、有选择地利用信息，对自然界、人类社会及思维方式与运动规律的认识、分析与掌握，并通过人的大脑进行思维整合使信息系统化而构成知识，因此，知识仅存在于人类社会。

1. 知识的属性

知识的属性主要有：

（1）意识性。知识是一种观念形态的东西，只有通过人类的大脑才能认识它、产生它、利用它。

（2）信息性。信息是生产知识的原料，知识是经人类认识、理解并经思维重新整合后的系统化信息，知识是信息中的一部分。

（3）实践性。实践是产生知识的基础，也是检验知识的标准，知识又对实践具有重大的指导作用。

（4）规律性。人们在实践中对事物的认识，是一个无限的过程，人们在这种无限过程中所获得的知识从一定的层面上揭示了事物及其运动过程的规律性。

（5）继承性。每一次新知识的产生，既是原有知识的继承、利用、深化与发展，又是下一次知识更新的基础和前提。

（6）渗透性。随着人类认识世界的不断深化，各种门类的知识可以相互渗透，构成知识的网状结构。

2. 知识的类型

根据国际经济合作发展组织（OECD）在"以知识为基础的经济"的报告中定义，人类现有的知识可分为 4 大类：

（1）Know what（知道是什么）——关于事实方面的知识。

（2）Know why（知道为什么）——关于自然原理和规律方面的知识。

（3）Know how（知道怎么做）——关于技能或能力方面的知识。

（4）Know who（知道谁有知识）——关于谁知道某事物或事实方面的知识。

1.1.3　文献

1. 文献的构成要素

文献是记录知识的一切载体，即知识信息必须通过文献载体进行存储和传递。构成文献的 3 个最基本要素如下：

（1）构成文献内核的知识信息。

（2）负载知识信息的物质载体。

（3）记录知识信息的符号和技术。

2. 文献的基本属性

（1）知识性。知识性是文献的本质，离开知识信息，文献便不复存在。

（2）传递性。文献能帮助人们克服时间与空间上的障碍，在时空中传递人类已有的知识，使人类的知识得以流传和发展。

（3）动态性。文献并非处于静止状态，其载体形式和蕴含的知识信息将随着人类社会和科技的发展而不断有规律地运动和变换着。

综上所述，信息、知识、文献三者的关系可归结为：信息是生产知识的原料，知识是被人类系统化后的信息，文献是存储、传递知识信息的载体。

1.2　信息资源及其类型

1.2.1　信息资源

1. 信息资源的含义与特点

信息资源是信息与资源两个概念整合而衍生出的新概念。如前所述，信息是事物的一种普遍属性，结合资源概念来考察信息资源，可以这样来描述信息资源：信息并非都能成为资源，只有经人类开发与重新组织后的信息才能成为信息资源，即信息资源是信息世界中对人类有价值的那一部分信息，是附加了人类劳动的、可供人类利用的信息。因此，构成信息资源的基本要素是：信息、人、符号、载体。信息是组成信息资源的原料，人是信息资源的生产者和利用者，符号是生产信息资源的媒介和手段，载体是存储和利用信息资源的物质形式。信息资源与其他资源相比，具有可再生性和可共享性的特点。可再生性是指它不同于物质、能源等消耗性资源，开发利用至一定程度就会枯竭，它可以反复利用而不失去其价值，对它的开发利用越深入，它不仅不会枯竭，反而还会更加的丰富和充实。可共享性是指它能为全人类所分享而不失去其信息量。

2. 信息资源的使用价值

构成信息资源使用价值的主要要素有二：一是真实度。科学研究的客观性和科学实验的可再现性是信息资源真实度的体现。形象地说，信息资源的真实度如同矿产资源的品位，品位越高，其真实度就越高，因而就更能减少信息利用者的不确定性，使用价值就越高。二是时效性。信息资源的时效性主要体现在其滞后性和超前性。由于事物皆处于运动之中，作为反映事物运动状态和方式的信息也在不断变化，以信息为源头的信息资源也或多或少地具有滞后性。信息的滞后性体现了认识总是落后于客观存在，如不能及时地使用最新信息，信息的价值就会随其滞后使用的时差而减值。信息的超前性体现出在把握了客观事物规律的前提下，能够对可能发生的事物进行预测。因此，对具有继承性和创造性两重性的科学研究，信息资源可以帮助研究人员在科学研究活动中选择正确的研究方向或技术路线，避免重复劳动。

1.2.2　信息资源的类型

1. 以开发的程度为依据，可分为潜在信息资源和现实信息资源

潜在信息资源是指人类在认识和思维创造的过程中，存储在大脑中的信息，只能为本人所利用，无法为他人直接利用，是一种有限再生的信息资源。现实信息资源是指潜在人脑中的信息通过特定的符号和载体表述后，可以在特定的社会条件下被广泛地传递并连续往复地为人类所利用，是一种无限再生的信息资源。

2. 以表述的方式和载体为依据，可分为口语信息资源、体语信息资源、实物信息资源和文献信息资源

口语信息资源是人类以口头方式表述但未被记录的信息资源，通常以讲演、授课、讨论等方式交流与利用。体语信息资源是人类在特定的文化背景下，以表情、手势、姿态等方式表述的信息资源，通常以表演、舞蹈等方式表现与交流。实物信息资源是人类通过创造性劳动以实物形式表述的信息资源，通常以样品、模型、雕塑等实物进行展示与交流。文献信息资源是人类用文字、数据、图像、音频、视频等方式记录在一定载体上的信息资源，只要这些载体不被损坏或消失，文献信息资源就可以跨越时空无限循环地为人类所利用，还可以按人类的需求整理成具有优化结构的文献信息资源体系，因此，文献信息资源的检索是本书

研究的主体。

1.3 文献信息资源的类型与特点

1.3.1 以载体材料、存储技术和传递方式划分

1. 印刷型

以纸质材料为载体，采用各种印刷术把文字或图像记录存储在纸张上而形成。它既是文献信息资源的传统形式，也是现代文献信息资源的主要形式之一。主要特点是便于阅读和流通，但因载体材料所存储的信息密度低、占据空间大，难以实现加工利用的自动化。

2. 缩微型

以感光材料为载体，采用光学缩微技术将文字或图像记录存储在感光材料上，有缩微平片、缩微胶卷和缩微卡片之分。主要特点是，存储密度高（存储量高达 22.5 万页的全息缩微平片已问世），体积小，重量轻（仅为印刷型的 1/100），便于收藏；生产迅速，成本低廉（只有印刷型的 1/15～1/10）；须借助缩微阅读机才能阅读，设备投资较大。现在可以通过计算机缩微输入机（CIM）把缩微品上的信息转换成数字信息存储在计算机中，使缩微品转换为磁带备用，也可以通过计算机缩微输出机（COM）把来自计算机中的信息转换成光信号，摄录在缩微平片或胶卷上，摄录速度可达 12 万字符每秒，大大缩短了缩微型信息资源的制作周期。

3. 声像型

以磁性和光学材料为载体，采用磁录技术和光录技术将声音和图像记录存储在磁性或光学材料上，主要包括唱片、录音录像带、电影胶卷、幻灯片等。主要特点是，存储信息密度高，用有声语言和图像传递信息，内容直观，表达力强，易被接受和理解，但须借助于一定的设备才能阅读。

4. 电子型

按其载体材料、存储技术和传递方式，主要有联机型、光盘型和网络型之分。联机型以磁性材料为载体，采用计算机技术和磁性存储技术，把文字或图像信息记录在磁带、磁盘、磁鼓等载体上，使用计算机及其通信网络，通过程序控制将存入的有关信息读取出来。光盘型以特殊光敏材料制成的光盘为载体，将文字、声音、图像等信息刻录在光盘盘面上，使用计算机和光盘驱动器，将有关的

信息读取出来。网络型是利用因特网中的各种网络数据库读取有关信息。电子型信息资源具有存储信息密度高，读取速度快，易于网络化，高速度、远距离传输，使人类知识信息的共享能得到最大限度实现的特点，在文献信息资源的各种不同载体中已逐步占有主导地位。

1.3.2 以撰写的目的和文体划分

文献信息资源以撰写的目的和文体划分，主要可分为著作、学术论文、专利说明书、科技报告、技术标准、技术档案、产品资料等。其中信息含量大、学术价值高和使用频率较高的为前 5 种。

1. 著作

著作是作者或编著者在大量收集、整理信息的基础上，对所研究的成果或生产技术经验进行全面归纳、总结、深化的成果。从内容上具有全面、系统、理论性强、技术成熟可靠的特点，一般以图书的形式出版发行。根据其撰写的专深程度，使用对象和目的，著作主要可以分为下列几类：

（1）科学著作。反映某一学科或专题研究的各类学术性成果，对其中所涉及的问题及现象研究有一定的深度，创造性突出。主要包括科学家撰写的专著和著作集，科研机构、学会编辑出版的论文集等，可供高水平的研究人员使用。

（2）教科书。专供学习某一学科或专业的基本知识的教学用著作。以教学大纲要求和学生的知识水平为编写准则，着重对基本原理和已知事实做系统的归纳，具有内容全面系统，定义表达准确，叙述由浅入深、循序渐进的独到之处，能给予学习者新的体会和领悟，便于自学。

（3）技术书。供各级各类工程技术人员参考的技术类著作。系统阐述各种设备的设计原理与结构，生产方法与工艺条件、工艺过程，操作与维修经验等方面的知识，对指导生产实际操作有重要的参考价值。

（4）参考工具书。供查考和检索有关知识或信息的工具性著作。汇释比较成熟的知识信息，按一定的规则组织编写而成。主要向使用者提供可资参考的知识信息，如事实、数据、定义、观点、结论、公式、人物等。各种百科全书、年鉴、手册、大全、名录、字典、词典等是参考工具书的主要代表。其特点是：①知识信息准确可靠，提供的知识多由高水平的专家审定或编撰；②所提供的知识信息既广采博收，又分析归纳，论述简要不繁；③知识信息组织科学，易查易检。参考工具书特有的功能是：①查名词术语定义；②查事实事项；③查机构、人物；④查产品；⑤查数据；⑥查物名；⑦查图谱、表谱等。

若要对某学科或某专题获得较全面、系统的知识，或对不熟悉的问题获得基本的了解时，选择著作是行之有效的方法。

2. 学术论文

学术论文特指作者为发布其学术观点或研究成果而撰写的论述性文章。论文内容一般是某一学术课题在理论性、实践性或预测性上具有新的研究成果或创新见解，或是将某种已知原理应用于实践中取得新进展的科学总结，向使用者提供有所发现、有所发明、有所创造的知识信息。学术论文具有信息新颖、论述专深、学术性强的特点，是人们交流学术思想的主要媒介，也是开展科学研究参考的主要信息源之一，一般以期刊的形式刊载发表。学术论文按撰写的目的可分为：以论述科学研究理论信息为主的科学论文，以论述科学技术信息为主的技术论文，以某一特定研究主题作专门论述的专题论文，以为申请授予相应学位而撰写的学位论文等。若要了解某学科或某专题的研究现状与成果、发展动态与趋势，选择学术论文进行分析研究，可达到事半功倍的效果。

3. 专利说明书

专利说明书特指专利申请人向专利主管部门呈交的有关发明创造的详细技术说明书，是具有知识产权特性的信息资源，主要包括经实审批准授权的专利说明书和未经实审的专利申请公开说明书，一般由专利主管部门出版发行。专利说明书涉及的技术内容广博，新颖具体，从高深的国防尖端技术到普通的工程技术以及日常生活用品无所不包，具有融技术信息、经济信息、法律信息为一体的特点。根据 WIPO（世界知识产权组织）统计，全世界每年发明创造成果信息的 $90\% \sim 95\%$ 都能在专利说明书中查到，并且许多发明创造只通过专利说明书公开。因此，在应用技术研究中经常参阅和利用专利说明书，可以缩短 60% 的研究时间，节省 40% 的开发费用，是了解掌握世界发明创造和新技术发展趋势、制定科技发展规划、实施技术改造的最佳信息资源。

4. 科技报告

科技报告是描述一项研究进展或取得的成果，或一项技术研制试验和评价结果的一种文体。它反映了新兴学科和尖端学科的研究成果，能代表一个国家的科学技术水平，各国都很重视。在世界的科技报告中，以美国的四大报告为最著名，即 AD 报告（军用工程）、PB 报告（民用工程）、DOE（能源工程）、NASA（航空航天工程）。科技报告具有信息新颖，叙述详尽，保密性强，有固定的机构名称和较严格的陈述形式的特点。按研究阶段可分为进展报告和最终报告。每份报告单独成册，是获取最新技术研究成果信息的重要信息资源。

5. 技术标准

技术标准是对产品和工程建设各个方面所做的技术规定，是进行科研和生产的共同依据，有单行本和汇编本（图书形式）两种出版发行方式。技术标准具有计划性、协调性、法律约束性的特点，它可促使产品规格化、系列化和通用化，对提高生产水平和产品质量，节约原材料，推广应用研究成果，促进科技发展等，有着十分重要的作用。根据使用的范围，可分为国际标准、区域标准、国家标准和企业标准。按内容可分为基础标准、产品标准、工艺及工艺装备标准和方法标准等。因此，它可作为了解各国的技术政策、经济政策、生产水平和标准化水平的参考，也可为组织生产活动和制定出口策略提供依据。

1.3.3　以加工的深度划分

1. 零次文献信息资源

零次文献信息资源是指未以公开形式进入社会流通使用的实验记录、会议记录、内部档案、论文草稿、设计草稿等，具有信息内容新颖、不成熟、不定型的特点，因不公开交流，而难以获得。

2. 一次文献信息资源

一次文献信息资源是指以作者本人的研究工作或研制成果为依据撰写，已公开发行进入社会流通使用的专著、学术论文、专利说明书、科技报告等。因此，一次文献信息资源包含了新观点、新发明、新技术、新成果，提供了新的知识信息，是创造性劳动的结晶，具有创造性的特点，有直接参考、借鉴和使用的价值，是检索和利用的主要对象。

3. 二次文献信息资源

二次文献信息资源是对一次文献信息进行整理、加工的产品，即将大量的、分散的、无序的一次文献信息资源收集起来，按照一定的方法进行整理、加工，使之系统化而形成的各种目录、索引和文摘，或各种书目型数据库。因此，二次文献信息资源仅是对一次文献信息资源进行系统化和压缩，无新的知识信息产生，具有汇集性、检索性的特点。它的重要性在于提供了一次文献信息资源的线索，是打开一次文献信息资源知识宝库的钥匙，可节省查找知识信息的时间。

4. 三次文献信息资源

三次文献信息资源是根据一定的目的和需求，在大量利用一、二次文献信息资源的基础上，对有关知识信息进行综合、分析、提炼、重组而生成的再生信息资源。如各种教科书、技术书、参考工具书、综述等都属三次文献信息的范畴。三次文献信息资源具有综合性高、针对性强、系统性好、知识信息面广的特点，有较高的实际使用价值，能直接提供参考、借鉴和利用。

5. 高次文献信息资源

高次文献信息资源是在对大量一、二、三次文献信息资源中的知识信息进行综合、分析、提炼、重组的基础上，加入了作者本人的知识和智慧，使原有的知识信息增值，生成比原有知识品位更高的知识信息新产品。如专题述评、可行性分析论证报告、信息分析研究报告等，具有参考性强、实用价值高的特点。

综上所述，从零次文献信息资源到一次、二次、三次、高次文献信息资源，是一个从不成熟到成熟，由分散到集中，由无序到有序，由博而略，由略而深，对知识信息进行不同层次加工的过程，每一过程所含知识信息的质和量都不同，对利用知识信息所起的作用也不同。零次文献信息资源是最原始的信息资源，虽未公开交流，但它是生成一次文献信息资源的主要素材；一次文献信息源是最主要的信息资源，是检索和利用的主要对象；二次文献信息资源是一次文献信息资源的集中提炼和有序化，是检索文献信息资源的工具；三次文献信息资源是将一、二次文献信息资源，按知识门类或专题重新组合高度浓缩而成的知识产品，是查考数据信息和事实信息的主要信息资源；高次文献信息资源是对已知知识信息进行整理、分析与评价的成果，可为研究选题、可行性技术论证、发展前景预测等提供参考、借鉴。

1.4　电子信息资源的发展及类型

1.4.1　电子信息资源及其发展

电子信息资源是以电子数据的形式，把文字、声音、图像等形式的信息存储在光、磁等介质上，以电信号、光信号的形式传输，并通过计算机和其他外部设备再现出来的一种新型信息资源，因此，电子信息资源实质上是一类机读型信息资源。电子信息资源始于 20 世纪 60 年代初美国国家医学图书馆（NLM）设计的第一个大型的批式检索数据库——MEDLARS。20 世纪 70 年代以来，公用通信网络与计算机技术、数据库技术相结合的国际联机检索系统进入实用阶段，实现了电子信息资源的远距离传输，使知识信息在世界范围得到广泛的传播和高度的共享。利用国际联机检索系统数据库得到的电子信息资源具有实时、快速和参考、实用价值较高的优点，但联机费用昂贵，一般信息用户难以承受。20 世纪 70 年代发展起来的光盘存储技术，具有信息存储密度高、容量大、成本低等优点，用光盘作为信息存储载体的光盘数据库降低了电子信息资源的利用成本，得到广泛的应用。1993 年，美国率先提出国家基础设施建设计划（NII），兴建以因特网为雏形的"信息高速公路"。因特网是一个国际性的计算机网络，拥有不同领域、不同学科、不同性质和不同种类的信息资源，人们既可共享网上资源，又可将自己的信息发送到网上。因特网网络资源已成为人类进行科学研究、发布信息、展示自己的一个共享空间。

1.4.2 电子信息资源的类型与特点

从信息检索的角度，电子信息资源主要是指通过计算机等设备以数字信号传递的数字信息资源。数字信息资源按不同的划分标准，可分为下列几类。

1. 按信息的载体和通信方式分

（1）联机信息资源。由计算机联机信息服务系统提供的信息资源，如著名的 Dialog、STN 和 ORBIT 系统，为全世界用户提供了丰富的电子信息资源。用户使用检索终端设备，通过通信设施（如通信网、调制解调器、自动呼叫器、通信控制器等），直接与中央计算机相连，检索远程数据库中的信息资源。在检索过程中是人—机对话式，可联机或脱机浏览、传递所得信息，并可根据需求随机修改检索策略，具有实时、快速、信息追溯年代长、查准率高的特点，但检索费用较昂贵。

（2）光盘信息资源。光盘信息资源主要包括各种信息数据库，有单机版可进行单机检索，有网络版可在网上进行检索，还可以与联机检索系统联网进行联机检索。光盘信息资源的检索过程与联机检索极为相似，主要不同之处是信息追溯年代不如联机系统检索年代长，但检索费用大大低于联机费用，在通信不发达的地区，利用单机光盘信息资源是一种获取信息的有效途径。

（3）网络数据库信息资源。数据库是在计算机存储设备上按一定方式合理组织并存储的、相互有关联的数据的集合，通过网络进行检索，是计算机技术、网络通信技术和信息检索技术相结合的产物，是电子信息资源的主体，是信息检索系统的核心部分之一，是本书研究的主要对象。

（4）因特网网络信息资源。因特网是通过标准通信方式（TCP/IP 协议）将世界各地的计算机和计算机网络互联而构成的一个结构松散的、交互式的巨型网络。它是世界上最大的信息资源库，其中大部分资源是免费的，与前两类相比，具有信息更新速度快、随时都在刷新的特点，用户得到的信息总是新的。此外，因特网中的万维网——WWW 信息系统（又称 Web 信息系统），采用客户机/服务器的模式，以超文本的方式链接分散在因特网上 WWW 服务器中的信息。用户通过 WWW 浏览器可以方便地访问网上遍布世界各地的 WWW 服务器中的信息。WWW 信息服务的特点是在网上进行多媒体信息的收集、分类、存放、发布和交流，并向网上的用户提供信息检索及其他交互式服务，它与传统的网络信息服务的区别在于：从提供信息的形式上，WWW 服务器上提供的是多媒体信息，在页面设计上具有结构合理、可读性强、用户界面友好程度高等优点，而传统网络信息服务提供的信息是单一的。从信息内容上看，WWW 服务器上提供的信息是包罗万象的，而传统网络信息服务提供的信息大部分是行业性的。从提供信息服务的情况看，WWW 服务器上提供的信息更具有及时性，入网费用也低于传统的网络信息服务，在网页上展现的各种链接可随时让用户获得更多的相关信息。

2. 按信息的表现形式分

（1）文本信息资源。一般的文本信息资源是按知识单元的线形顺序排列，具有较大的局限性和片面性。

（2）超文本信息资源。超文本信息资源是按知识单元及相互关系建立的知识结构网络。它通过网络上各节点的链路把相关信息有机地结合在一起。检索超文本信息资源时，可从任何一个节点开始，以知识片段及其关系作为检索、追踪的依据。

（3）多媒体信息资源。多媒体信息资源是包括文本、图像和声音等各种信息表达的总称，能使人们获得的信息不仅同时具有图、文、声，而且还丰富多彩。

（4）超媒体信息资源。超媒体信息资源是超文本和多媒体技术的结合，具有超文本和多媒体两种信息资源的特点，具有高度的交互性。在超媒体信息系统中，不同类型的媒体信息能高度综合和集成，空间上图、文、声并茂，时间上媒体信息同步实现。

3. 电子信息资源的特点

（1）以磁性介质和光介质作为信息存储载体，以现代信息技术作为记录手段，信息以数字化的形式存在，既可在计算机内高速处理，又可借助于通信网络进行远距离传送，使得全球资源共享得以实现。

（2）信息表现形式为文本、超文本、多媒体和超媒体，使得信息的组织方式发生了质的变化，即知识信息单元由线形排列转化为可按照自身的逻辑关系组成直接的、相互联系的、非线形的网状结构，便于检索与利用，提高了信息资源的利用价值。

1.5　文献信息资源与现代科技、经济的发展

1.5.1　文献信息资源与现代科技的发展

当今世界，科学技术突飞猛进，给世界生产力和人类经济的发展带来了极大的推动力。现代科技发展的主要特点是高速化和综合化。科技发展高速化的明显特征是科技成果增长迅速，据不完全统计，20 世纪前 50 年的科技成果远远超过 19 世纪。进入 20 世纪 60 年代以来，科技的新发明、新发现比过去 2000 年的总和还要多。仅在宇航技术领域，就出现了 12000 余种过去不曾有过的新技术与新产品。随着科技成果转化为直接生产力的速度加快，新技术、新产品从研究到实际应用的周期日趋缩短。与此同时，新技术、新产品的更新速度也越来越快。科技发展综合化主要体现在综合学科、边缘学科和交叉学科大量出现，如信息技术、生物技术、新材料技术等。这些学科的产生和发展，不仅填补了传统学科之间的空白，同时还加强了传统学科之间的联系，将现代科技紧密地连接成一个有机整体，其次体现在自然科学与社会科学之间的相互汇流。现代社会提出的重大课题，往往有一些既包含自然科学，又包含社会科学知识的综合性课题，只有依靠二者的通力协作才有可能完成。例如国家发展的战略与策略、国力的综合利用等，不是仅有社会科学知识或自然科学知识就能囊括和解决的。文献信息资源从客观上记载了科学研究升华后的技术与成果和失败的教训，利用文献信息资源是进行科学研究和技术开发必不可少的前期工作，是提高科学研究和技术发展效率的重要方法与手段。通过文献信息资源，人们才会考察到科技的过去和现在的状态、特征以及发展趋势，了解前人和当代人做了些什么？现在应该怎么做？文献信息资源与现代科技发展的关系主要体现在以下几方面。

1. 信息量急剧增长

随着科技成果的迅速增长，全世界的信息量正以前所未有的速度增长，其增长量可用文献的增长来表述。据不完全统计，全世界每年出版图书 80 万种以上，发表科技论文约 600 万篇，发行科技报告约 70 万件，公布专利说明书约 100 万件。不同学科，信息量增长速度也不相同。科技文献比哲学、社会科学文献增长的速度快，前者又以化学化工文献增长为最快。化学化工信息的数量和递增速度，在科技领域的各门学科中始终占领先地位。其增长速度可从《美国化学文摘（CA）》每 10 年收录的信息条数说明，见表 1-5-1。信息量剧增的速度还可以因特网上数以千万计的网站来表述。

表 1-5-1　CA 每 10 年收录的信息条数

年　份	收录条数
1907	7975
1917	15601
1927	32909
1937	63038
1947	38386
1957	101027
1967	243982
1977	409841
1987	477177
1997	716564
2007	1086941

2. 文献信息的使用寿命缩短

现代科技发展日新月异，每时每刻都有新的发明和创造，文献信息也随之出现新陈代谢加快、老化加剧、使用寿命缩短的趋势。文献学家贝尔（J. Bernal）、保尔登（R. Barton）和凯布勒（R. Kebler）先后提出了文献老化的半生期（half-live），用半生期的概念来解释某学科文献信息的老化速度及使用寿命。即某学科现时尚在利用的全部文献中的一半，是在多长时间内发表的。例如，化学文献的半生期为 8.1 年，就是指现正在利用的化学信息的 50%，其出版年限不超过 8.1 年。文献的半生期越短，说明其知识信息的老化速度越快，使用寿命就越短。文献的老化速度与学科文献信息量的增长有关。有关学科文献的半生期见表 1-5-2。

表 1-5-2　有关学科文献的半生期

学科名称	半生期/年	学科名称	半生期/年
生物医学	3	化学	8.1
冶金学	3.9	植物学	10
物理学	4.6	数学	10.5
化工	4.8	地质学	11.8
机械制造	5.2	地理学	16

3. 文献信息载体的多样化和信息传播、检索的多途径化

计算机技术和现代信息存储技术的应用，使文献信息的载体从传统的纸媒介向光学、磁性媒介发展，文献信息的缩微化、电子化已成为主要的发展趋势。尤其是始于 20 世纪 70 年代的电子信息资源，已形成单机版和网络版两大系列。电子单机版主要以磁盘、光盘（CD-ROM）、集成电路卡等为载体，其中光盘以海量存储器著称，配以多媒体技术，发展尤为迅速。电子网络版以数据库和电信网络为基础，以计算机的硬盘为载体。电子文献具有容量大、体积小，能存储图文音像信息，可共享性高，检索速度快，易于复制和保存，具有很大的发展前景。计算机技术、电子技术、远程通信技术、光盘技术、视听技术、网络技术等，构成了信息的现代传播技术。联机检索、交互式图文检索、电子原文传递等现代化信息传播方式已进入实用阶段。信息检索已发展到网络化阶段，国内外著名的索引、文摘检索系统已有了网络版，人们可以利用因特网，多途径、多选择、多层次地检索所需求的信息。

1.5.2　文献信息资源与现代经济的发展

人类社会对文献信息资源与现代经济发展关系的探索与研究始于 20 世纪 60 年代。文献信息资源是重要的资源已得到国际社会的广泛公认，并作为"信息是现代经济发展的保证"这一论断的理论和实践的依据。20 世纪后期，在工业发达国家已由物质投入转为知识信息的投入，即由工业经济向知识经济过渡。人类社会经济发展的规律可表述为：原始经济→农业经济→工业经济→知识经济。20 世纪 90 年代初，国际经济合作发展组织（OECD）在《以知识为基础的经济》报告中定义：知识经济是建立在以知识和信息的生产、分配和使用之上的经济。知识经济是以知识为基础，人力资本和技术是知识经济的主要推动力，高技术产品和服务部门是知识经济的支柱，强大的科学系统是知识经济的坚强后盾。在这种新型的经济中，知识劳动力是最重要的因素，知识的生产、学习与创新将成为人类最重要的活动。知识经济的主要特征是：

（1）科技、知识和信息相互融合。即科技是第一生产力，蕴涵着知识信息的文献信息资源成为提高生产率和实现经济持续增长的最重要的直接资源。

（2）经济结构不断软化。即知识和信息在生产中的投入越来越多。

（3）产品制造模式转向知识密集型。即产品的知识含量普遍提高，如专利、商标、版权等知识产品不断增多。

（4）不断学习知识和更新知识变得越来越重要。即需要建立具有获取、运用并能创新知识的现代人才教育体系。

第2章　信息检索原理及检索技术

2.1　信息检索概述

2.1.1　信息检索的含义与实质

信息检索通常是指从以任何方式组成的信息集合中，查找特定用户在特定时间和条件下所需信息的方法与过程，完整的信息检索含义还包括信息的存储。从而可知，信息检索的全过程应包括以下两个主要的方面：

（1）信息标引和存储过程。对大量无序的信息资源进行标引处理，使之有序化，并按科学的方法存储，组成检索工具或检索文档，即组织检索系统的过程。

（2）信息的需求分析和检索过程。分析用户的信息需求，利用已组织好的检索系统，按照系统提供的方法与途径检索有关信息，即检索系统的应用过程。

因此，信息检索的实质是将描述特定用户所需信息的提问特征，与信息存储的检索标识进行大小、异同的比较，从中找出与提问特征一致或基本一致的信息。提问特征是对信息的需求进行分析，从中选择出能代表信息需求的主题词、分类号或其他符号。例如，要查找关于"硅藻土在塑料工业中的应用"方面的信息，根据信息需求的范围和深度，可选择"硅藻土"和"塑料"为第一层面的提问特征，"硅藻土"和"通用塑料、工程塑料、特种塑料"为第二层面的提问特征，"硅藻土"和"聚氯乙烯、聚乙烯、聚丙烯、聚酰胺、聚酰亚胺、聚酯、玻璃钢"等塑料品种名称为第三层面的提问特征。检索标识是信息存储时，对信息内容进行分析提出能代表信息内容实质的主题词、分类号或其他符号。例如，在分析、标引、存储有关"硅藻土在塑料工业中的应用"方面的信息时，可选择"硅藻土"和"塑料"或"聚烯烃、聚酰胺、聚酯"等作为存储和检索的标识。检索时，将提问特征同检索标识进行对比匹配，若达到一致或部分一致，即为所需信息。

2.1.2　信息检索的重要意义与作用

信息检索的重要意义和作用主要体现在以下两方面。

1. 充分利用信息资源，避免重复劳动

科学研究具有继承和创造两重性，科学研究的两重性要求科研人员在探索未知或从事研究工作之前，应该尽可能地占有与之相关的信息，即利用信息检索的

方法，充分了解国内、国外，前人和他人对拟探索或研究的问题已做过哪些工作？取得了什么成就？发展动向如何？等等。这样才能做到心中有数，防止重复研究，将有限的时间和精力用于创造性的研究中。因此，信息检索是科学研究必不可少的前期工作。

2. 为人们更新知识，实现终生学习提供门径

在当代社会，人们需要终生学习，不断更新知识，才能适应社会发展的需求。美国工程教育协会曾估计，学校教育只能赋予人们所需知识的 20%～25%，而 75%～80% 的知识是走出学校后，在研究实践和生产实践中根据需要，不断再学习而获得的。因此，掌握信息检索的方法与技能，是形成合理知识和更新知识的重要手段，是做到无师自通、不断进取的主要途径。

2.1.3　信息检索的类型与特点

信息检索根据检索的目的和对象不同，可以分为书目信息检索、全文信息检索、数据信息检索和事实信息检索。

1. 书目信息检索

书目信息检索以标题、作者、摘要、来源出处、收藏处所等为检索的目的和对象，检索的结果是与课题相关的一系列书目信息线索，即检索结果不直接解答课题用户提出的技术问题本身，只提供与之相关的线索供参考，用户通过阅读后才决定取舍。因此，书目信息检索是一种相关性检索。例如，检索"甲壳素水解制壳聚糖"的国内外专利技术有哪些，就属书目检索的范畴。

2. 全文信息检索

全文信息检索以论文或专利说明书等全文为检索的目的和对象，检索的结果是与课题相关的论文或专利说明书的全文文本，检索结果也不直接解答用户提出的技术问题本身。因此，全文信息检索也是一种相关性检索，它是在书目信息检索基础上更深层次的内容检索。通过对全文的阅读，可进行技术内容及技术路线的对比分析，掌握与研究课题的相关程度，为研究的创新点提供参考与借鉴。

3. 数据信息检索

数据信息检索以具有数量性质，并以数值形式表示的数据为检索的目的和对象，检索的结果是经过测试、评价过的各种数据，可直接用于比较分析或定量分析。因此，数据信息检索是一种确定性检索。例如，查找各种物质的物理化学常数、各种统计数据和工程数据等都属于数据检索的范畴。

4. 事实信息检索

事实信息检索以事项为检索的目的和对象，检索的结果是有关某一事物的具体答案。因此，事实信息检索是一种确定性检索。但事实信息检索过程中所得到的事实、概念、思想、知识等非数值性信息和一些数值性信息须进行分析、推理，才能得到最终的答案，因此要求检索系统必须有一定的逻辑推理能力和自然语言理解功能。目前，较为复杂的事实信息检索课题仍需人工才能完成。例如，要想得到中国发明专利历年的申请案中，国外来华申请历年所占的百分比是多少这一事实信息，就需要对历年的数据进行统计，然后进行比较分析，才能得出具体答案。

综上所述，书目信息检索是从存储有标题项、作者项、出版项或文摘项的检索系统中获取有关的信息线索，如利用各种目录、题录和文摘检索系统或书目数据库。全文信息检索是从存储整篇论文、专利说明书乃至整本著作的检索系统中获取全文信息，如利用各种论文全文数据库、专利说明书全文数据库系统。数据信息检索是从存储有大量数据、图表的检索系统中获取数值性信息，如利用各种手册、年鉴、图谱、表谱等检索系统。事实信息检索是从存储有大量知识信息、事实信息和数据信息的检索系统中获取某一事项的具体答案，如利用各种百科全书、年鉴和名录等检索系统。

2.2　信息检索原理

2.2.1　信息检索效率

信息检索效率是研究信息检索原理的核心，是评价一个检索系统性能优劣的质量标准，它始终贯穿信息存储和检索的全过程。衡量检索效率的指标有查全率、查准率、漏检率、误检率、响应时间等。目前，人们通常主要以查全率和查准率这两个指标来衡量。

1. 查全率

利用检索系统进行某一课题检索时，查出的相关信息量（w）与该系统信息库中存储的相关信息量（x）的比率再乘以 100%，称为查全率（R），用公式可表示为

$$R = w/x \times 100\%$$

2. 查准率

利用检索系统进行某一课题检索时，查出的相关信息量（w）与查出信息总

量（m）的比率再乘以 100%，称为查准率（P），用公式可表示为

$$P = w/m \times 100\%$$

从检索要求来说，希望查全率和查准率都达到 100%，即系统中存储的所有相关信息都被查出（$x = w = m$），这是最为理想的效果。但事实上很难达到全部查出和全部查准的要求，而只能达到某个百分比，总会出现一些漏检和误检。其漏检率（O）和误检率（N）也可用公式表示为

$$O = 1 - w/x, \quad N = 1 - w/m$$

如果一个检索系统中与某一课题有关的信息共 250 条，实际检出 400 条，其中相关信息为 200 条，此次检索效率可计算为：

查全率 $R = (200/250) \times 100\% = 80\%$，　　漏检率 $O = 1 - 80\% = 20\%$

查准率 $P = (200/400) \times 100\% = 50\%$，　　误检率 $N = 1 - 50\% = 50\%$

由此可见，查全率与漏检率为互补关系，查准率与误检率为互补关系。要想取得较高的检索效率，就须尽可能降低漏检率和误检率。从以上计算结果也可知，查全率和查准率之间存在着相互制约的现象，即提高查全率会使查准率下降，提高查准率会使查全率下降。因此，在实际检索过程中，必须同时兼顾查全和查准，不可片面追求某一方面。

2.2.2　信息检索系统

信息检索系统是拥有一定的存储、检索技术装备，存储有经过加工的各类信息，并能为信息用户检索所需信息的服务工作系统。检索系统由下列要素构成：①信息数据库；②存储、检索信息的装备；③存储、检索信息的方法；④系统工作人员；⑤信息用户。因而，信息检索系统具有吸收信息、加工信息、存储信息和检索信息等功能。信息检索系统按使用的技术手段可分为手工检索系统、机械检索系统和计算机检索系统，常用的是手工检索系统和计算机信息检索系统。

1. 手工检索系统

手工检索系统又称传统检索系统，是用人工查找信息的检索系统。其主要类型有各种书本式的目录、题录、文摘和各种参考工具书等。检索人员可与之直接"对话"，具有方便、灵活、判断准确，可随时根据需求修改检索策略，查准率高的特点。但由于全凭人的手工操作，检索速度受到限制，也不便于实现多元概念的检索。

2. 计算机信息检索系统

1）概述

计算机信息检索系统又称现代化检索系统，是由计算机技术、电子技术、远

程通信技术、光盘技术、网络技术等构成的存储和检索信息的系统。存储时，将大量的各种信息以一定的格式输入系统中，加工处理成可供检索的数据库。检索时，将符合检索需求的提问式输入计算机，在选定的数据库中进行匹配运算，然后将符合提问式的检索结果按要求的格式输出。主要特点是：①检索速度快，能大大提高检索效率，节省人力和时间；②采用灵活的逻辑运算和后组式组配方式，便于进行多元概念检索；③能提供远程检索。

计算机信息检索系统，按使用的设备和采用的通信手段，可分为联机检索系统、光盘检索系统和网络检索系统。

联机检索系统主要由系统中心计算机和数据库、通信设备、检索终端等组成，能进行实时检索，具有灵活、不受地理限制等优点，但检索费用较高。

光盘检索系统主要由光盘数据库、光盘驱动器、计算机等组成，具有易学易用、检索费用低的优点。根据使用的通信设备，又可分为单机光盘检索系统和光盘网络检索系统。

网络检索系统是将若干计算机检索系统用通信线路连接以实现资源共享的有机体，是现代通信技术、网络技术和计算机技术结合并高度发展的产物，它使各大型计算机信息系统变成网络中的一个节点，每个节点又可连接很多终端设备，依靠通信线路把每个节点连接起来，形成纵横交错、相互利用的信息检索网络。

2）数据库类型

按所提供的信息内容，数据库主要可分为参考数据库和源数据库。

（1）参考数据库。主要存储一系列描述性信息内容，指引用户到另一信息源以获得完整的原始信息的一类数据库，主要包括书目数据库和指南数据库。

书目数据库。存储描述如目录、题录、文摘等书目线索的数据库，又称二次文献信息数据库。如各种图书馆目录数据库、题录数据库和文摘数据库等属于此类，它的作用是指出获取原始信息的线索。图书馆目录数据库，又称机读目录，其数据内容详细，除描述标题、作者、出版项等书目信息外，还提供索取原始信息的馆藏信息。题录、文摘数据库描述的数据内容与印刷型的题录、文摘相似，提供了论文信息或专利信息等的信息来源。

指南数据库。存储描述关于机构、人物、产品、活动等对象的数据库。与其他数据库相比，指南数据库提供的不仅仅是有关信息，还包括各种类型的实体，多采用名称进行检索。如存储生产与经营活动信息的机构名录数据库、存储人物信息的人物传记数据库、存储产品或商品信息的产品指南数据库、存储基金信息的基金数据库等属于此类，作用是指引用户从其他有关信息源获取更详细的信息。

（2）源数据库。主要存储全文、数值、结构式等信息，能直接提供原始信息或具体数据，用户不必再转查其他信息源的数据库，主要包括全文数据库和数值数据库。

全文数据库。存储原始信息全文或主要部分的一种源数据库。如期刊全文数据库、专利全文数据库、百科全书全文数据库，使用某一词汇或短语，便可直接检索出含有该词汇或短语的全文信息。

数值数据库。存储以数值表示信息为主的一种源数据库，类似的有文本-数值数据库。与书目数据库比较，数值数据库是对信息进行深加工的产物，可以直接提供所需的数据信息，如各种统计数据库、科学技术数据库等。数值数据库除了一般的检索功能外，还具有准确数据运算功能、数据分析功能、图形处理功能及对检索输出的数据进行排序和重新组织等方面的功能。

3）数据库的结构

（1）书目数据库结构。书目数据库是以文档形式组织的一系列数据，这些数据被称为记录，一个记录又包含若干字段。

文档。按一定结构组织的相关记录的集合。文档是书目数据库数据组织的基本形式，文档的组织方式与检索系统的硬件和软件功能密切相关。在书目数据库中，文档结构主要分为顺排文档和倒排文档。

顺排文档。记录按顺序存放，记录之间的逻辑顺序与物理顺序是一致的，相当于印刷型工具中文摘的排列顺序，是一种线形文档。顺排文档是构成数据库的主体部分，但其主题词等特征的标识呈无序状态，直接检索时，必须以完整的记录作为检索单元，从头至尾查询，检索时间长，实用性较差。

倒排文档。将顺排文档中各个记录中含有主题性质的字段（如主题词字段、标题字段、叙词字段等）和非主题性质字段（如作者字段、机构字段、来源字段等）分别提取出来，按某种顺序重新组织得到的一种文档。具有主题性质的倒排文档，称基本索引文档，非主题性质的倒排文档，称辅助索引文档。

综上所述，顺排文档和倒排文档的主要区别是：顺排文档以完整的记录为处理和检索单元，是主文档，倒排文档以记录中的字段为处理和检索单元，是索引文档。计算机进行检索时，先进入倒排文档查找有关信息的存取号，然后再进入顺排文档按存取号查找记录。

记录与字段。记录是作为一个单位来处理有关数据的集合，是组成文档的基本数据单位。记录中所包含的若干字段，则是组成记录的基本数据单位。在书目数据库中，一个记录相当于一条题录或文摘，因此，一个记录通常由标题字段、作者字段、来源字段、文摘字段、主题词字段、分类号字段、语种字段等组成。在有些字段中，又包含多个子字段，子字段是字段的下级数据单位。如，主题词字段含有多个主题词。按照字段所代表记录的性质不同，字段通常分为基本字段和辅助字段两类。

（2）全文数据库的结构。一般的全文数据库结构与书目数据库相似，全文数据库的一个记录就是一个全文文本，记录分成若干字段。其主文档是以顺排形式组织的文本文档，倒排文档是对应于记录可检字段的索引文档。

（3）数值数据库的结构。数值数据库的结构要综合考虑数据库的内容及检索目的，即，在内容上，数值数据库的主要内容是数值信息，但不排除含有必要的说明性的文本信息，在检索上，便于单项检索和综合检索，还能对数值进行准确的数据运算、数据分析、图形处理及对检索输出的数据进行排序和重新组织。数值数据库的数据结构可以是单元式，也可以是表册形式。前者是对原始数据的模拟，后者则是对统计表格的机读模拟。数值数据库通常有多种文档，如顺排文档、倒排文档、索引文档等。顺排文档是由数值数据组成，为主文档，另有相应的索引文档，为便于存取，索引文档采用基本直接存取结构的组织形式。倒排文档也有相应的索引文档，索引文档采取分级组织形式。数值数据库的文档结构，使所有文档都可以用于检索，所有数据都可用来运算，构成了数值数据库的特点。

（4）指南数据库的结构。指南数据库的结构兼有书目数据库、全文数据库和数值数据库的特点，有顺排文档、倒排文档、索引文档和数据字典。一般而言，对涉及主题领域较多、内容综合性较强的大型指南数据库，顺排文档（主文档）可采用多子文档的结构；对单一主题领域和内容较专一的，则采用单一主文档和不定长、多字段的记录格式。

2.2.3　信息检索语言

检索语言又称标引语言、索引语言、概念标识系统等，是信息检索系统存储和检索信息时共同使用的一种约定性语言，以达到信息存储和检索的一致性，提高检索效率。因此，信息检索语言与其他语言相比，突出的特点是：①具有必要的语义和语法规则，能准确地表达科学技术领域中的任何标引和提问的中心内容和主题；②具有表达概念的唯一性，即同一概念不允许有多种表达方式，不能模棱两可；③具有检索标识和提问特征进行比较和识别的方便性；④既适用于手工检索系统又适用于计算机检索系统。其主要功能是沟通信息存储、检索的全过程，是信息标引存储人员与信息检索人员和用户之间进行交流的媒介，以保证信息检索过程的顺利实施。检索语言按表述信息内容特征划分，可分为分类语言和主题语言。分类语言包括体系分类语言、组配分类语言和混合分类语言。主题语言包括标题词语言、单元词语言、叙词语言和关键词语言。在信息的标引存储和检索应用过程中，应用最广的是体系分类语言、关键词语言和叙词语言。

1. 体系分类语言

1）体系分类语言的特点

体系分类语言是按照一定的观点，以学科分类为基础，用逻辑分类的原理，结合信息的内容特征，运用概念划分的方法，按知识门类从总到分，从上到下，层层划分，逐级展开组成分类表，并以分类表来标引、存储信息和检索信息。体系分类语言的特点是，能较好地体现学科的系统性，反映事物的平行、隶属和派生关系，适合于人们认识事物的习惯，有利于从学科或专业的角度进行族性检索，能达到较高的查全率；采用国际上广泛使用的拉丁字母和阿拉伯数字作为概念标识的分类号，比较简明，便于组织目录系统。但是，由体系分类语言编制的体系分类表，由于受自身结构特点的限制，存在着某些明显的不足之处，主要表现为：

（1）体系分类表具有相对稳定性，难以随时增设新兴学科的类目，不能及时反映新学科、新技术、新理论方面的信息，对检索结果的查全率和查准率有一定的影响。

（2）体系分类表属直线性序列和层垒制结构，难以反映因科学技术交叉渗透而产生的多维性知识空间，对检索结果的查准率有一定的影响。

尽管如此，体系分类语言仍然广泛地应用于信息的存储与检索。目前，国际上通用的体系分类表有《国际十进分类法》（简称 UDC），国内通用的体系分类表有《中国图书馆图书分类法》（简称《中图法》）。

2)《中图法》（第五版）分类体系组成及结构

《中图法》由基本部类和基本大类、简表、详表、通用复分表组成。

（1）基本部类和基本大类 。基本部类，又称基本序列，由 5 大部类组成。基本大类，又称大纲，是在基本部类的基础上展开的第一级类目，由 22 个大类组成，见表 2-2-1。

表 2-2-1　《中图法》（第五版）基本部类和基本大类表

基本部类	基本大类
1. 马克思主义、列宁主义、毛泽东思想	A. 马克思主义、列宁主义、毛泽东思想、邓小平理论
2. 哲学	B. 哲学、宗教
3. 社会科学	C. 社会科学总论 D. 政治、法律 E. 军事 F. 经济 G. 文化、科学、教育、体育 H. 语言、文字 I. 文学 J. 艺术 K. 历史、地理
4. 自然科学	N. 自然科学总论 O. 数理科学和化学 P. 天文学、地球科学 Q. 生物科学 R. 医药、卫生 S. 农业科学 T. 工业技术 U. 交通运输 V. 航空、航天 X. 环境科学、安全科学
5. 综合性图书	Z. 综合性图书

（2）简表是在基本大类上展开的二级类目表，通过简表可了解分类概貌。工业技术大类的简表见表 2-2-2。

表 2-2-2　　《中图法》(第五版) T 工业技术大类简表 (二级类目表)

TB 一般工业技术	TL 原子能技术
TD 矿业工程	TM 电工技术
TE 石油、天然气工业	TN 电子技术、通信技术
TF 冶金工业	TP 自动化技术、计算机技术
TG 金属学与金属工艺	TQ 化学工业
TH 机械、仪表工业	TS 轻工业、手工业、生活服务业
TJ 武器工业	TU 建筑科学
TK 能源与动力工程	TV 水利工程

（3）详表是分类表的主体，依次详细列出类号、类目和注释。

（4）通用复分表是对主表中列举的类目进行细分，以辅助详表中的不足。通用复分表由总论复分表、世界地区表、中国地区表、国际时代表、中国时代表、世界种族与民族表、中国民族表和通用时间、地点表组成，附在详表之后。

2. 主题语言

主题语言是采用表达某一事物或概念的名词术语用于标引、存储、检索的一种检索语言。根据选词原则，词的规范化处理，编制方法和使用规则的不同，主题语言可分为标题词语言、关键词语言、单元词语言和叙词语言。目前常用的是关键词语言和叙词语言。

1）关键词语言

关键词语言是直接从原文的标题、摘要或全文中抽选出来，具有实质意义的，未经规范化处理的自然语言词汇，作为信息存储和检索依据的一种检索语言。运用关键词语言编制的关键词索引，其关键词按字顺排列构成索引款目，所抽选的关键词都可以作为标引词在索引中进行轮排，作为检索"入口词"进行检索。但关键词索引不显示词间关系，不能进行缩检和扩检，对提高检索效率有一定的限制。由于关键词表达事物概念直接、准确，不受词表控制，能及时反映新事物新概念，目前，关键词语言已被广泛地应用于手工检索和计算机检索系统中的索引编制，并采取了编制禁用词表和关键词表等方法，以提高关键词抽取的准确性，并对词间关系进行控制，以提高检索效率。关键词索引的主要类型有题内关键词索引、题外关键词索引、普通关键词索引、词对式关键词索引、双重关键词索引等。其中，常见的是题内关键词索引和普通关键词索引。如美国《化学题录》(CT) 中的"题内关键词索引"、《化学文摘》(CA) 中的"关键词索引"就是其主要代表。

2) 叙词语言

叙词语言是以自然语言为基础，以概念组配为基本原理，并经过规范化处理，表达主题的最小概念单元，作为信息存储和检索依据的一种检索语言。叙词语言吸收了其他检索语言的优点，并加以改进。例如，叙词语言吸收了体系分类语言的等级关系，编制了词族表；吸收了标题词语言的规范化处理方法和参照系统，达到了一词一义，发展了词与词之间的逻辑关系，形成语义网络，编制了叙词表；吸收了单元词语言的组配原理，并取代了单元词语言；吸收了关键词语言的轮排方法，编制了各种叙词索引。因而，叙词语言在直观性、单义性、专指性、组配性、多维检索性、网络性、语义关联性、手检与机检的兼容性、符合现代科技发展的适应性诸方面，都较其他检索语言更加完善和优越。叙词语言的基本特性表现如下：

（1）叙词的概念组配性。叙词语言以概念—语言—事物的逻辑关系来描述主题，并通过概念组配来检索所描述主题的信息。叙词的概念组配方式有以下 4 种：

① 概念相交组配。是指两个或两个以上交叉关系叙词的组配，其结果形成一个新的概念。这个新概念是原来用以组配的两个概念的下位概念，如

汽车部件＊发动机＝汽车发动机。

② 概念限定组配。表示事物的叙词与表示事物方面的叙词组配，其结果形成一个新的概念。这个新概念可用来表示这一事物的某一属性或某一个方面，如

电视机＊数字化＝数字电视机

以上两种组配方式所得到的新概念，都是原组配概念的下位概念，缩小了检索范围，提高了叙词概念的专指度，达到提高查准率的目的。

③ 概念并列组配。具有概念并列关系的叙词间的组配，其结果使概念检索的范围扩大，如

环境污染＋环境保护＝环境污染和环境保护

④ 概念删除组配。是指两个具有上下位关系的叙词间的组配，其结果使概念检索的范围缩小，如

计算机－模拟计算机＝数字计算机

显然，并列组配与删除组配具有的功能完全相反。前者使检索范围扩大，可提高查全率，后者使检索范围缩小，可提高查准率。

由上可知，叙词的概念组配是用布尔逻辑运算来实现的，其运算原理，详见 2.4.1 节布尔检索。

（2）叙词的规范性。叙词的规范化处理有：

① 词义规范。对同义词（如计算机与电脑）、近义词（如实验与试验）、学名和俗名（如发动机与马达）、不同译名（如激光与莱塞）、简称与全称（如中国与中华人民共和国）、不同写法（如 X 射线与爱克斯射线）等进行选择；对多义

词、同形异义词进行限定说明，如杜鹃既表示一种鸟，也表示一种花，就须限定说明为：杜鹃（动物）、杜鹃（植物）。

② 词类规范。即确定词类的范围，能用作叙词的词类一般要求控制在具有实质意义的名词或动名词的范围之内。

③ 词形规范。即对词的繁简体、词序、字母符号等的规定。

上述几个方面的规范中，只有满足一词一义一型要求的词才有可能成为叙词。

（3）叙词的语义性。叙词与叙词之间存在一定的语义关系。叙词之间的语义关系主要有同义关系、属分关系和相关关系。叙词语言对语义关系的揭示方法，主要通过各种语义参照符号来反映和联系。叙词语言的语义关系特性，是通过叙词表体现的。国内用叙词语言编制的叙词表已有七八十种之多，最常用的有《汉语主题词表》、《化工汉语主题词表》、《机械工程主题词表》、《电子技术汉语主题词表》、《国防科学技术叙词表》等。常见的国外叙词表有《INSPEC 叙词表》、《工程索引叙词表》、《工程与科学叙词表》等。下面以《汉语主题词表》为例，说明其词表结构和功能。

《汉语主题词表》是我国第一部大型的多学科词语的动态性综合词表。该词表按社会科学和自然科学两大系统编制，由主表（字顺表）、附表、词族索引、范畴索引和英汉对照索引组成，共分 3 卷 10 个分册。

① 主表（字顺表）。是《汉语主题词表》的主体部分，由全部正式叙词款目和非正式叙词款目组成，所有款目严格按汉语拼音音序排检。

② 附表。是从主表衍生出来的一种专用词汇表，共有 4 种，包括世界各国政区名称、自然地理区划名称、组织机构名称和人物名称。

③ 词族索引。又称族系索引、等级索引，是将主表中具有属种关系、部分整体关系和包含关系的正式主题词，按其本质属性展开，显示词间从属关系的一种词族系统。作用是揭示主题词之间族系关系，满足族性检索的需要。

④ 范畴索引。又称分类索引，是按照学科范畴并结合词汇分类需要，将主表中的全部款目主题词，按社会科学和自然科学两大范畴划分为 58 个大类，以便从分类角度查找某一范畴内容有关的主题词，是主表的一种辅助工具。

⑤ 英汉对照索引。是按主题词英译名字母顺序排列的一种主题索引，是通过英译名来选择主题词的辅助工具。

2.3　信息检索方法

检索方法是为实现检索计划或方案所提出的检索目的而采取的具体操作方法或手段的总称。检索获取知识信息的方法主要有两种：直接检索和间接检索。直接检索是通过浏览各种出版物上发表的学术论文、专利说明书等，以了解有关学科或专题发展动态的一种最简单的检索方法。其优点是能立即明确判断所包含的知识信息是否具有针对性和实用价值，不足是存在较大的盲目性和偶然性，查全率较低。间接检索是借助于各类检索系统，从数量庞大的信息集合中，迅速、准确地查找特定课题有关知识信息的常用检索方法，其优点是所获得知识信息的全面性和准确性都较高。本节仅对间接检索方法进行讨论，间接检索方法的全过程，一般可分为信息需求分析、制定检索策略、实施检索策略和获取原始信息。

2.3.1　信息需求分析

信息需求是人们在客观上或主观上就一特定研究课题所需信息的要求，这种需求是检索信息的基本出发点，也是评价检索效果的依据。信息的需求分析主要包括以下两方面。

1. 明确检索的目的与要求

检索目的是指明确所需信息的用途，是为编写教材、撰写学科总结或进行专题综述系统收集信息？还是为申请专利或鉴定科技成果需利用信息为依据说明其新颖性和创新性？还是为解决某一技术问题，需利用相关的技术信息提供借鉴或参考？还是为技术预测或决策提供背景材料？等等。检索要求是指明确所需信息的类型、语种、数量、检索的范围和年代等，以对查全率和查准率进行控制。显然，检索目的和检索要求是制定检索策略的基本依据。

2. 进行主题分析

主题分析是在明确检索目的的基础上进行的。检索目的不同，主题分析选取主题范围的广度与深度也不同。若要系统、全面收集有关信息，选取主题范围的面要宽些，所得信息的泛指性要强些；若需有关信息为某一技术问题提供解决的方案作参考或借鉴，则选取主题范围的面要窄些，所得信息的专指度要高些。

2.3.2　制定检索策略

检索策略是为达到检索目标而制定的具体检索方案或对策。制定检索策略一般包括：检索系统的选择、确定检索途径或检索单元、拟定检索程序。按检索系统使用的检索设备和检索手段，有手工检索策略和上机检索策略之分。

1. 手工检索策略

1）选择检索系统

要考虑选择与信息需求结合紧密、学科专业对口、覆盖信息面广量大、报导及时、揭示信息内容准确、有一定深度、索引体系完善的手工检索系统为最佳，如文摘类和题录类检索系统。

2）确定检索途径

检索途径由所选择的检索系统提供，主要有：分类途径、主题途径、作者途径、号码途径等。其中分类和主题途径是最常用的检索途径。分类检索途径以学科体系为入口进行检索，具有族性检索的特点，查全率较高。但一般只能满足单维概念的检索，对多维概念的检索，查准率较低。若信息需求范围较宽，泛指性较强时，宜选用分类途径。主题检索途径以叙词或关键词为入口进行检索，具有特性检索的特点，查准率较高，能满足多维概念的检索，并能及时地反映新兴学科、交叉学科和边缘学科的发展。若信息需求范围窄，专指性要求强时，宜选用主题途径。无论哪种检索途径，都有各自的特点，究竟确定哪一种，既要根据检索的目的与要求，还要根据所选检索系统可提供的检索途径来确定。当选择的检索系统提供的检索途径较多时，各种途径可交叉运用产生互补效应，从而使检索效果更接近需求。

3）拟定检索程序

在手工检索过程中，是由人的手查、眼阅，检索提问与存储标识之间的比较是靠大脑随时思维做判断而完成的，检索需求往往只存于人的大脑，因此，检索程序不必写成书面的表达语句，可以边查边思维，根据需求随时修改检索策略。

2. 上机检索策略

1）选择检索系统

除了要考虑所选择计算机检索系统是否包含与信息需求结合紧密、学科专业对口、覆盖信息面广量大、报导及时、揭示信息内容准确、有一定深度的数据库以外，还要考虑系统的检索功能是否完善。如国际著名的 Dialog 系统，不仅数据库所包含的文档多，而且学科的涵盖面也大，其检索功能也相当完善。

2）确定检索单元

检索单元是表达信息需求的基本单元，也是与系统中有关数据库进行匹配运算的基本单元。检索单元选择得当与否，会直接影响其检索效果。检索单元可分为两类，一类是表示主题概念的检索词，如叙词（经规范化处理的自然语言词汇）和自由词（未经规范化处理的自然语言词汇）是常用的检索单元。另一类是某些特殊的符号，如分类号、代码、作者姓名等。检索词的选择与确定，主要遵循下列两个原则。

（1）根据检索课题所涉及的学科专业和技术内容选词。少数检索课题，可直接选用课题名称中的主要概念作为检索词。例如，检索"甲壳素水解制壳聚糖"技术方面的信息，选用"甲壳素、水解"、"壳聚糖、制备"这两组 4 个检索词，就基本能表达该课题所需信息的要求。但大多数检索课题，须从专业、技术的角度对研究内容进行仔细分析，才能找出全面确切表达主题概念的检索词。例如，检索"染料的电化学性能研究"方面的信息，若仅从课题名称中所包含的主题进行分析，似乎选"染料"、"电化学性能"作检索词就行。深入分析课题所涉及的具体内容，就会发现，该课题是以研究染料的电化学性能为基础，采用电混凝方法处理印染废水。显然，检索词应选择"印染废水处理"、"染料"和"电混凝"、"电化学"才能比较全面确切地表达课题检索的需求。

（2）对检索词进行处理。在机检系统中，计算机只能从词形上辨别所扫描的记录是否符合检索要求，不可能像人的大脑那样去考虑检索词的含义。因此，要考虑所选择的检索词是否与数据库相容，须将检索词进行如下处理：

① 使用有关数据库的词表或相应的印刷型词表进行比较对照，使其从概念上、词形上与词表上的词表达一致。此时，检索词作为叙词使用。

② 如选择的检索词无词表可查，或未在词表中反映出来，此时，检索词作为自由词使用。自由词作为检索词时，要注意尽量从专业技术角度出发，使用国际上通用的术语，如"贫铜矿"宜用"低品位铜矿"。也尽可能不使用一词多义的词汇，如"cell"，既表示生物学中的"细胞"，又表示电学中的"电池"，易造成误检。

经过以上处理的检索词，一般都能提高与数据库的相容性，从而保证其检索效果。值得提出的是，由于存储器容量的不断增大，检索软件的不断完善，自由词在计算机检索系统中得到广泛的应用。这是因为自由词的数量很大，覆盖面广，它与叙词相比，相应的自由词与数据库有更大的相容性和匹配性，自由词之间的关系，可用全文检索技术来控制。

3）拟定检索程序

在计算机检索过程中，检索提问与存储标识之间的对比匹配是机器进行的，拟定检索程序的核心是构造一个既能表达检索课题需求，又能为计算机识别的检索提问式。检索提问式是检索策略的具体体现，是上机检索的依据。构造检索提问式主要使用布尔逻辑算符、位置逻辑算符、截词符、限制符等，将检索词进行组配，确定检索词之间的概念关系或位置关系，准确地表达课题需求的内容，保证和提高信息的查全率和查准率。关于在构造检索提问式中使用的各类算符的确切含义和具体用法，将在 2.4 节专门叙述。

2.3.3　实施检索策略和获取原始信息

1. 实施检索策略，获取信息线索

手工检索策略的实施，主要靠人的大脑将检索策略中信息需求所涉及的有关

提问特征，如主题词、分类号、作者姓名等与检索系统中提供的检索标识进行比较分析，筛选出与信息需求一致或基本一致的检索结果。上机检索策略的实施，是将构造好的检索提问式，输入计算机检索系统，使用检索系统认可的检索指令进行逻辑匹配运算，并输出显示检索结果。在这个过程中，对检索结果进行粗读和筛选。对筛选出的信息线索，要进行信息来源类型的辨析。辨析信息来源的类型，主要依据信息来源出处的特征为区分标志。

（1）著作的区分标志。著作一般以图书的形式出版，在来源出处著录有出版社、出版地、版次、国际标准书号。例如：Photochemistry and Photophysics of Metal Complexes（书名）. Plenum Press. New York A Division of Pleum Publishing Corporation（出版社），233 Spring Street，New York，N. Y 10013（出版地）ISBN-0-306-44694-4（国际标准书号）。

（2）论文的区分标志。论文一般以期刊的形式发表，在来源出处著录有期刊的刊名、卷、期、年代、国际标准刊号、语种等。例如：The Journal of Physical Chemistry A（刊名），v104（卷），n21（期），2000（年代），ISSN1089-5639（国际标准刊号）In English（语种）。若是会议论文，在来源出处著录有会议或会议录名称、主办单位、会议召开地点、时间等，其显著的区分标志是著录有 Proceedings、Conference、Meeting、Symposium、Workshop、Colloquium、Convention 等字样。若是学位论文，在来源出处著录有学位名称（如 Ph. D）、授予学位的校名（West Virginia University）、导师姓名（Chair：Syd S. peng）、论文编号（Order Number DA9121891）等。

（3）专利说明书的区分标志。来源出处著录有专利国别、专利号等。如 WO2012003747（A1）。

（4）科技报告的区分标志。来源出处著录有报告字样、报告机构代号和报告号等。如 Report AD-A264915。

（5）技术标准的区分标志。来源出处著录有 Standard、specification 字样及标准机构代号，如 ISO、IEC、GB 等。

2. 整理信息线索，获取原始信息

将所得的信息检索结果按来源类型、语种进行归类整理并按参考价值的重要程度进行排序，就进入原始信息的获取阶段。获取原始信息的基本原则是由近及远，常用的方式有：

（1）利用报导单一信息机构的馆藏目录，了解馆藏情况和索取号，借阅或复制原始信息。

（2）利用报导多个信息机构的馆藏目录，了解收藏机构名称、馆藏情况和索取号，借阅或复制原始信息。

（3）利用联机信息系统，用联机传递或脱机邮寄原始信息。

（4）利用网络信息系统，网上申请订购，获取原始信息。

（5）利用有关全文数据库，打印或下载原始信息。

采用何种方式索取原始信息，可根据当地、当时的具体条件而定，具体操作步骤请参见第 3～9 章。

2.4　信息检索技术及其应用

信息检索技术是指利用现代信息检索系统，如联机数据库、光盘数据库和网络数据库检索有关信息而采用的相关技术，主要有布尔检索、词位检索、截词检索和限制检索。

2.4.1　布尔检索

利用布尔逻辑算符进行检索词的逻辑组配，是常用的一种检索技术。

1. 布尔逻辑算符的形式及含义

（1）逻辑与。逻辑与是一种具有概念交叉或概念限定关系的组配，用"＊"或"AND"或"并且"表示。如要检索"大气污染控制"方面的有关信息，它包含了"大气污染"和"控制"两个主要的独立概念。"大气污染——air pollution"、"控制——control"可用"逻辑与"组配，即"air pollution AND control"表示两个概念应同时包含在一条记录中。"逻辑与"组配的结果如图 2-4-1（a）所示。A 圆代表只包含"air pollution"的命中记录条数（619），B 圆代表只包含"control"的命中记录条数（23290），A、B 两圆相交部分为"air pollution"、"control"同时包含在一条记录中的命中条数（54）。由图 2-4-1（a）可知，使用"逻辑与"组配技术，缩小了检索范围，增强了检索的专指性，可提高检索信息的查准率。

（2）逻辑或。逻辑或是一种具有概念相同、概念相关关系的组配，用"＋"或"OR"或"或者"表示。例如要检索"聚氯乙烯"方面的信息，"聚氯乙烯"这个概念的英文名可用"PVC"和"Polyvinyl chloride"两个同义词来表达，采用"逻辑或"组配，即" PVC OR Polyvinyl chloride"，表示这两个并列的同义概念分别在一条记录中出现或同时在一条记录中出现。"逻辑或"组配的结果如图 2-4-1（b）所示。A、B 两圆及其两圆相交部分均为检索命中数（341＋76＝364）。由图 2-4-1（b）可知，使用"逻辑或"检索技术，扩大了检索范围，可提高检索信息的查全率。

（3）逻辑非。逻辑非是一种具有概念排除关系的组配，用"－"或"NOT"

或"不包含"表示。例如，检索"不包括核能的能源"方面的信息，"能源"、"核能"采用"逻辑非"组配，即"能源 NOT 核能"，表示从"能源"检索出的记录中排除含有"核能"的记录。"逻辑非"组配结果如图 2-4-1（c）所示。A圆代表"能源"的命中数（25283），B 圆代表"核能"的命中数（4945），A、B两圆之差为命中记录数。由图 2-4-1（c）可知，使用"逻辑非"可排除不需要的概念，可提高检索信息的查准率，但也易将相关的信息剔除，影响检索信息的查全率。因此，使用"逻辑非"检索技术时要慎重。

A=619　B=23290　　　　A=341　B=76　　　　A=25283　B=4945

A AND B=54　　　　　　A OR B=364　　　　　　A NOT B=24311

(a) 逻辑与组配　　　　　(b) 逻辑或组配　　　　　(c) 逻辑非组配

图 2-4-1　布尔逻辑运算

2. 布尔逻辑算符的运算次序

用布尔逻辑算符组配检索词构成的检索提问式，逻辑算符 AND、OR、NOT 的运算次序，在不同的检索系统中有不同的规定。在有括号的情况下，括号内的逻辑运算先执行。在无括号的情况下，有下列几种处理顺序：

（1）NOT 最先执行，AND 其次执行，OR 最后执行。

（2）AND 最先执行，NOT 其次执行，OR 最后执行。

（3）OR 最先执行，AND 其次执行，NOT 最后执行。

（4）按自然顺序，AND、OR、NOT 谁在先就先执行谁。

检索时，需要事先了解检索系统的规定，避免因逻辑运算次序处理不当而造成错误的检索结果，因为，对同一个布尔逻辑提问式，不同的运算次序会有不同的检索结果。

2.4.2　词位检索

词位检索是以数据库原始记录中的检索词之间的特定位置关系为对象的运算，又称全文检索。词位检索是一种可以不依赖叙词表而直接使用自由词进行检索的一种技术。这种检索技术增强了选词的灵活性，采用具有限定检索词之间位置关系功能的位置逻辑符进行组配运算，可弥补布尔检索技术只是定性规定参加运算的检索词在检索中的出现规律满足检索逻辑即为命中结果，不考虑检索词词间关系是否符合需求，而易造成误检的不足。在不同的检索系统中，位置逻辑算符的种类和表达形式不完全相同，使用词位检索技术时，应注意所利用系统的使用规则。

1. 邻位检索

常用的位置逻辑算符有（W）与（nW）、（N）与（nN）。

（1）（W）与（nW）算符。两词之间使用"W"，表示其相邻关系，即词与词之间不允许有其他词或字母插入，但允许有一空格或标点符号，且词序不能颠倒。使用（W）算符连接的检索词，已构成一个固定的词组，显然（W）算符具有较强的严密性。例如，GAS（W）CHROMATOGRAPH 表示检索结果为GAS CHROMATOGRAPH 和 GAS-CHROMATOGRAPH 形式的才为命中。（nW）是由（W）衍生而来。如在两词之间使用"nW"，表示两词之间可插入 n（$n=1$，2，3，…）个词，但词序不能颠倒，它与（W）的唯一区别是，允许在两词之间插入 n 个词，因而，严密性略逊于（W）。例如，LASER（1W）PRINTER 表示检索结果中，具有"LASER PRINT"、"LASER COLOUR PRINTER"和"LASER AND PRINT"形式的均为命中。

（2）（N）与（nN）算符。两词之间使用（N）也表示其相邻关系，两词之间不能插入任何词，但两词词序可以颠倒。例如，"WASTEWATER（N）TREATMENT"表示检索结果中具有"WASTEWATER TREATMENT"和"TREATMENT WASTEWATER"形式的均为命中记录。（nN）除具备（N）算符的功能外，不同之处是允许两词之间可插入 n 个词。

2. 邻近检索

用于网络数据库，常用的位置逻辑算符有：同句、同段（中文系统）；NERA、WITHIN n、SAME 等（英文系统）。NERA 表示两词之间不得多于 9个词，词前后位置任意；WITHIN n 表示两个检索词之间可包含其他词，两词间距最多 $n-1$ 个词，词的顺序任意；SAME 要求检索词在同一个句子中，这里所指的同一个句子是两个句号之间的字符串，检索词在句子中的顺序任意。例如，air NEAR pollution、air WITHIN 5 pollution、air SAME pollution。

2.4.3 截词检索

截词检索是预防漏检、提高查全率的一种常用检索技术，大多数系统都提供截词检索的功能。截词是指在检索词的合适位置进行截断，然后使用截词符进行处理，可节省输入的字符，又可达到较高的查全率。尤其在西文检索系统中，使用截词符处理自由词，对提高查全率的效果非常显著。在截词检索技术中，较常用的是后截词和中截词。按所截断的字符数分，有无限截词和有限截词两种。截词算符在不同的系统中有不同的表达形式。

1. 后截词

后截词，从检索性质上，是满足前方一致的检索。

（1）有限后截词。主要用于词的单、复数，动词的词尾变化等。如 book 用 book\$ 处理，表示截一个词，可检索出含有 book 和 books 的记录，"\$"为有限截词符号。

（2）无限后截词。主要用于同根词。如 solubilit 用 solub*处理，可检索出含有 solubilize、solubilization，soluble 等同根词的记录，"＊"为无限截词符号。

2. 中截词

中截词也称屏蔽词。一般来说，中截词仅允许有限截词，主要用于英、美拼写不同的词和单复数拼写不同的词。如 organi?ation 可检索出含有 organisation 和 organization 的记录。由此可知，中截词使用的符号为"?"，即用"?"代替那个不同拼写的字符。

从以上各例可知，使用截词检索具有隐含的布尔逻辑或（OR）运算的功能，可简化检索过程。

2.4.4　字段限制检索

使用截词检索，简化了布尔检索中的逻辑或功能，并没有改善布尔检索的性质。使用词位检索，只能限制检索词之间的相对位置，不能完全确定检索词在数据库记录中出现的字段位置。尤其在使用关键词进行全文检索时，需要用字段限制查找的范围，以提高信息的查准率。在现代信息检索系统中，常用的字段代码有标题（TI）、文摘（AB）、叙词或受控词（DE 或 CT）、标识词或关键词（ID 或 KW）、作者（AU）、语种（LA）、刊名（JN）、文献类型（DT）、年代（PY）等。这些字段代码在不同的系统中有不同的表达形式和使用规则，在进行字段限制检索时，应参阅系统及有关数据库的使用说明，避免产生检索误差。

2.4.5　信息检索方法及检索技术应用实例

检索课题：高层建筑结构优化设计

1. 信息需求分析

1）检索目的与要求

（1）目的：学位论文开题查新。

（2）要求：文献类型不限；语种不限；时间限制在 2000 年至今。

2) 分析主题，确定主题范围

根据检索目的，主题范围可确定为：高层建筑、结构优化设计。

2. 制定检索策略

1) 选择检索词。

根据主题分析确定的主题范围，选择检索词如下：

高层建筑——tall building

高层建筑——high rise building

结构设计——structural design

优化——optimization

2) 使用相关检索技术，构造检索提问式

提问式 1：高层建筑 and 结构设计

提问式 2：高层建筑 and 结构设计 and 优化

提问式 3：(tall or high rise) and building and structural near design and optimization

提问式 4：(tall or high rise) and building * and structural near design and optimi *

第3章 国内网络数据库信息的检索

3.1 CNKI（中国知网）

CNKI 是中国知识基础设施工程（China National Knowledge Infrastructure）的英文缩写，亦可为"中国知网"（China National Knowledge Internet）的英文缩写，有新、旧两个版本。旧版首页如图 3-1-1 所示，包括《中国期刊全文数据库》、《中国博士学位论文全文数据库》、《中国优秀硕士学位论文全文数据库》、《中国重要会议论文全文数据库》等数据库。在旧版点击"进入总库平台"可切换至新版，新版首页参见图 3-1-8。本节分别以《中国期刊全文数据库》和《中国学术文献网络出版总库》为主，介绍新、旧两个版本的检索方式及检索方法。

图 3-1-1　CNKI 旧版首页

3.1.1　中国期刊全文数据库

收录 1994 年至今国内 9100 多种综合期刊与专业特色期刊（部分刊物回溯至创刊）的全文，学科覆盖自然科学、工程技术、农业、医学、哲学、人文社会科学等领域。按学科分为理工 A、理工 B、理工 C、农业、医药卫生、文史哲、政治军事与法律、教育与社会科学综合、电子技术与信息科学、经济与管理 10 个专辑，168 个专题。

1. 检索方式及检索方法

点击图 3-1-1 中的"中国期刊全文数据库"进入检索界面，如图 3-1-2 所示，有初级检索、高级检索、专业检索和期刊导航 4 种检索方式，系统默认为初级检索方式。

1）初级检索

初级检索有简单检索和逻辑组合检索之分。

（1）简单检索。检索框内可输入一个检索词或检索提问式，检索提问式中检索词之间的布尔逻辑算符用 *、＋、－ 连接，点击"检索"按钮即可获得结果。例如，检索提问式：汽车 and 尾气 and 治理的输入方式参见图 3-1-2。

图 3-1-2　中国期刊全文数据库主页及初级检索界面——简单检索提问式输入

（2）逻辑组合检索。点击"逻辑"下方的⊞可增加检索框，进入逻辑组合检索。在检索框内输入检索词或检索提问式的方法与简单检索相同。每个检索框之间的布尔逻辑算符使用下拉菜单选择"并且"、"或者"、"不包含"进行组配，检索方法参见检索实例。

2）高级检索

高级检索提供检索框之间的布尔逻辑组配、同检索框中检索词之间的布尔逻辑组配和段句词位组配。与初级检索界面的不同之处是，有左右两个平行检索框，两框之间分别受 3 种布尔逻辑关系和 2 种词间关系控制。如，检索提问式：（主题＝汽车 同句 尾气）并且（主题＝治理 或者 监测）的输入及检索结果，参见图 3-1-3。

图 3-1-3　高级检索界面——检索提问式输入及检索结果

　　3）专业检索

　　专业检索是将检索提问式直接输入检索框中进行检索的方式，如图 3-1-4 所示。

图 3-1-4　专业检索界面——检索提问式输入

　　4）期刊导航

　　期刊导航是以浏览期刊为主的一种直接检索方式，有 11 种导航类型，并提供按刊名、ISSN、CN 号检索的检索框，如图 3-1-5 所示。

图 3-1-5　期刊导航界面

2. 检索实例

　　检索课题：汽车尾气监测与治理技术

　　1）制定检索策略

　　（1）分析课题，选择检索词。

　　汽车可选上位词"机动车"作为同义词，尾气可选"废气"作为同义词，检索词可选择为：汽车、机动车；尾气、废气；监测、治理。

　　（2）使用相关检索技术，构造检索提问式。

　　篇名＝（汽车 or 机动车）and 篇名＝（尾气 or 废气）and 篇名＝（监测 or 治理）

　　（3）检索要求：①期刊范围限制在核心期刊；②学科不限；③时间范围：2010 年至今。

2) 实施检索策略

（1）登录中国期刊全文数据库，选择初级检索方式的逻辑组合检索，点击逻辑下方的⊞按钮，增加 2 个检索框。

（2）输入检索提问式，按检索要求，设定时间范围，如图 3-1-6 所示。

（3）点击"检索"按钮得检索结果，参见 3-1-6。

图 3-1-6　检索提问式的输入与检索结果

（4）保存题录或摘要。在检索结果页面，对选中的结果在序号前的方框中打勾或点击"全选"按钮，再点击"存盘"按钮，参见图 3-1-6；在弹出的输出格式页面选择一种格式，系统默认为简单（题录）格式，一般以选择查新格式为最佳，点击"预览"按钮，如图 3-1-7 所示，得文摘，点击"输出到本地文件"按钮即可保存。

图 3-1-7　输出格式选择、保存页面

（5）下载全文。下载 CAJ 或 PDF 浏览器，点击检索结果篇名前的⬚下载 CAJ 格式全文；也可点击篇名到知网节下载 PDF 格式全文。

3.1.2　中国学术文献网络出版总库

登录网址 www.cnki.net 到 CNKI 新版，参见图 3-1-8，任何用户都可免费检索获取题录和文摘。点击图 3-1-8 中的"学术文献总库"进入《中国学术文献网络出版总库》主页，该库由中国学术期刊网络出版总库、中国学术辑刊全文数据库、中国博士学位论文全文数据库等系列数据库组成，如图3-1-9 所示。

图 3-1-8　CNKI新版首页

1. 检索方式及检索方法

《中国学术文献网络出版总库》提供简单、标准、高级、专业、引文、学者、科研基金、句子、工具书及知识元搜索、文献出版来源 10 种检索方式，如图 3-1-9 所示。下面以标准、高级和引文检索方式为例说明其检索方法。

1）标准检索

这是默认的检索方式，参见图 3-1-9。首先选择输入检索控制条件（如发表时间、文献出版来源、国家及各级科研项目和作者，可任选或不选）；其次输入检索提问式；得到检索结果后，再对检索结果分组筛选，即，可根据系统提供的中文关键词、研究层次、文献作者、作者单位、文献出版来源、研究获得资助、发表年度、来源数据等 9 种分组分析检索结果；从相关度、发表时间、被引频次、下载频次 4 种排序方式进行排序、评价，筛选得到所需文献，具体检索方法参见实例。

图 3-1-9　中国学术文献网络出版总库主页及标准检索界面

2）高级检索

检索界面及检索结果如图 3-1-10 所示，检索方法与标准检索类似。

图 3-1-10　高级检索界面及检索结果

3）引文检索

以被引文献的特征信息和文献引用关系检索文献，检索界面及检索结果如图 3-1-11 所示。点击"被引频次"链接，可得引用文献的题录。

2. 检索实例

检索课题：机器人视觉图像处理

1）制定检索策略

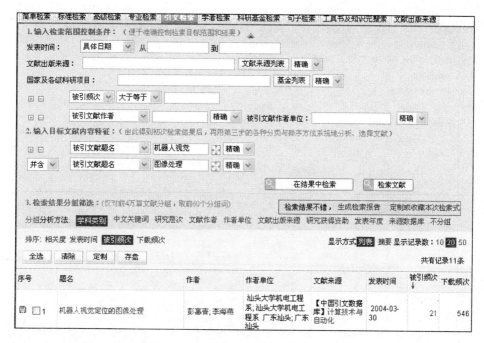

图 3-1-11　引文检索界面及检索结果

（1）分析课题，选择检索词。

机器人视觉；图像处理

（2）使用相关检索技术，构造检索提问式。

篇名＝机器人视觉 and 篇名＝图像处理

（3）检索要求。

时间范围：2000 年至今，其他条件不限。

2）实施检索策略

（1）登录网址 www.cnki.net 到 CNKI 新版，参见图 3-1-8。点击图 3-1-8 中的"学术文献总库"进入"中国学术文献网络出版总库"主页，参见图 3-1-9。

（2）选择标准检索方式，设定时间范围，点击输入目标文献内容特征下方的⊞按钮，增加检索框，输入检索提问式，如图 3-1-12 所示。

（3）点击"检索"按钮得检索结果，参见图 3-1-12。

（4）保存题录或摘要，在检索结果页面，对选中的结果在序号前的方框中打勾或点击"全选"按钮，参见图 3-1-12，点击"存盘"按钮；在弹出的输出格式页面选择一种格式，一般以选择查新格式为最佳，点击"输出到本地文件"按钮即可保存。

（5）下载全文。可点击检索结果篇名前的▤下载 CAJ 格式全文；也可点击篇名到知网节下载 PDF 格式全文。

图 3-1-12　标准检索界面——检索提问式输入及检索结果

3.2　VIP（维普资讯）

3.2.1　中文科技期刊数据库

《中文科技期刊数据库》源于重庆维普资讯有限公司 1989 年创建的《中文科技期刊篇名数据库》，收录了 1989 年至今 12000 余种期刊的全文，学科涵盖社会科学、自然科学、工程技术、农业科学、医药卫生、经济管理、教育科学和图书情报等领域。按学科分为社会科学、经济管理、教育科学、图书情报、自然科学、农业科学、医药卫生、工程技术 8 个专辑，主页如图 3-2-1 所示。

1. 检索方式及检索方法

该库提供了快速检索、传统检索、高级检索、分类检索、期刊导航 5 种检索方式，如图 3-2-1 所示。

1）快速检索

快速检索是默认的检索方式，参见图 3-2-1，可使用字段限制和使用精确/模糊匹配。检索提问式的输入方式如下：

（1）单字段检索。在下拉字段菜单中选择字段，在检索框内输入一个检索词或多个检索词（词间用布尔逻辑算符＊、＋、－连接）。

（2）多字段检索。在检索框内输入多字段检索提问式，各字段间用布尔逻辑算符连接（＊、＋、－）。例如，T＝3G ＊ K＝手机 ＊ M＝功能，T 、K、M 为字段代码，参见图 3-2-1。

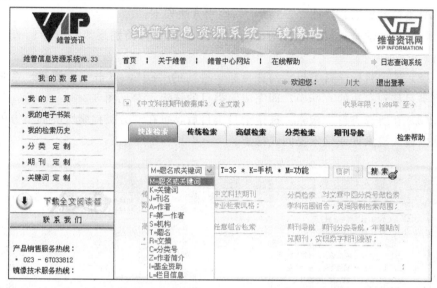

图 3-2-1　中文科技期刊数据库主页、快速检索界面及检索提问式输入

2）传统检索

传统检索界面如图 3-2-2 所示，检索提问式的输入方法与快速检索相同，可进行字段、时间范围、学科分类、期刊范围限制，精确/模糊匹配，还可进行同义词、同名作者检索。同义词检索适用于“题名（T）”、“关键词（K）”、“题名或关键词（M）”3 个字段，使用同义词检索可提高查全率。同名作者检索适用于“作者（A）”、“第一作者（F）”两个字段，使用同名作者检索可提高查准率。

图 3-2-2　传统检索界面

3）高级检索

高级检索框之间的布尔逻辑算符使用下拉菜单选择"并且"、"或者"、"不包含"，检索框内的布尔逻辑算符用 * 、 + 、 — 表达，能满足多维概念检索的需求，限制条件与传统检索相同，检索界面及检索方法参见检索实例。

4）分类检索

分类检索界面，如图 3-2-3 所示，检索方法如下：

（1）选择学科类目。在左边的分类表中按照学科类别逐级点开所需查找的类目。

（2）选中目标学科类目。勾选目标学科前的"□"，点击 >> 按钮，系统自动将类目移到右边的方框中，即完成该类目的选定，参见图 3-2-3。

（3）在所选类目中检索。选定学科类目后，可在"分类检索"界面下方的检索框内输入检索词或检索提问式检索。

图 3-2-3　分类检索界面

5）期刊导航

有"期刊搜索"、"按字顺查"和"按学科查"3 种途径。

（1）期刊搜索。如知道准确的刊名或 ISSN 号，在检索框中输入刊名或 ISSN 号，点击"查询"，即可进入期刊名列表，再点击刊名则可进入期刊内容页浏览。

（2）按字顺查。按期刊名的第一个字的汉语拼音进行查找。

（3）按学科查。点击学科分类名称即可查看到该学科涵盖期刊，点击刊名则进入期刊内容页浏览。

2. 检索实例

检索课题：基于人工免疫的网络入侵检测研究

1）制定检索策略

（1）分析课题，选择检索词。

人工免疫；网络入侵；检测

（2）使用相关检索技术，构造检索提问式。

人工免疫/题名 and 网络入侵/题名 and 检测/题名

（3）检索要求：①期刊范围不限；②专业限制在自然科学、医药卫生、工程技术；③时间范围不限。

2）实施检索策略

（1）登录中文科技期刊数据库主页，打开"高级检索"界面。

（2）输入检索提问式，按检索要求设置检索条件，如图 3-2-4 所示。

图 3-2-4　高级检索界面及检索提问式输入

（3）点击"检索"按钮，得检索结果，如图 3-2-5 所示。

（4）保存检索结果。根据需要单选或全选，如图 3-2-5 所示，点击"下载"，在弹出的下载管理界面先点选文摘显示，再点击"下载"，如图 3-2-6

所示。

图 3-2-5 检索结果

图 3-2-6 下载管理界面

（5）阅读全文或下载，点击图 3-2-5 中标题前的"全文下载"图标即可。

3.2.2 维普期刊资源整合服务平台

维普期刊资源整合服务平台是维普资讯 2011 年推出的中文期刊资源一站式服务平台，由期刊文献检索、文献引证追踪、科学指标分析、搜索引擎服务 4 大模块组成。网址为 http://lib.cqvip.com，任何用户可免费检索获取题录文摘信息，并可免费阅读论文首页，主页如图 3-2-7 所示。

图 3-2-7　维普期刊资源整合服务平台主页及期刊文献检索——基本检索界面

1. 模块功能与特点

1）期刊文献检索

是对中文科技期刊数据库优化的版本，新增参考文献、基金资助两个检索字段；新增在线阅读、全文快照、文后参考文献和相似文献、文献传递等功能，检索结果体现了期刊文献检索、文献引证追踪、科学指标分析 3 个模块内容的互通互连的特点。

2）文献引证追踪

采用科学计量学中的引文分析方法，对文献之间的引证关系进行深度数据挖掘，除提供基本的引文检索功能外，还提供基于作者、机构、期刊的引用统计分析功能。

3）科学指标分析

学者科学指标分析——展示各学科核心研究成员及其研究成果，提供各学科学者的科学指标查询；机构科学指标分析——展示各学科核心研究机构及其研究成果，提供各学科机构的科学指标查询；地区科学指标分析——展示地区发展对学科发展的贡献；期刊科学指标分析——展示各学科核心研究期刊及其研究成果，提供各学科期刊的科学指标查询；学科排名——反映国内学术研究的发展历程和方向，展示学科之间发展的不平衡程度。

4）搜索引擎服务

提供在 Google、Baidu 引擎中个性化的期刊论文搜索。

2. 检索实例

检索课题：智能机器人视觉导航研究

1）制定检索策略

（1）分析课题，选择检索词。

智能；机器人；视觉导航

（2）使用相关检索技术，构造检索提问式。

智能/题名或关键词 and 机器人/题名或关键词 and 视觉导航/题名或关键词

（3）检索要求：①期刊范围不限；②学科不限；③时间不限。

2）实施检索策略

期刊文献检索过程如下：

（1）登录网址 http://lib.cqvip.com 到维普期刊资源整合服务平台期刊文献检索界面，选择基本检索方式。

（2）输入检索提问式，按检索要求设置检索条件，如图 3-2-8 所示。

图 3-2-8　期刊文献检索-基本检索界面及检索提问式输入

（3）点击"检索"按钮，得检索结果，如图 3-2-9 所示。

（4）保存检索结果。①可勾选或全选题名前的方框，导出保存；②可点击题名得到详细信息，导出保存。

（5）阅读或下载全文。①订购用户可点击"在线阅读"或"下载全文"；②其他用户可点击"在线阅读"，阅读全文的第 1 页，可用手机或其他方式支付费用获取全文。

3）实施检索策略

文献引证追踪检索过程如下：

（1）打开文献引证追踪检索界面，选择基本检索方式。

（2）输入检索提问式，按检索要求设置检索条件，如图 3-2-10 所示。

图 3-2-9　期刊文献检索结果

图 3-2-10　文献引证追踪——基本检索界面及检索提问式输入

（3）点击"检索"按钮，得检索结果，如图 3-2-11 所示。

		题名	作者	年代	出处	被引量
	1	基于路径识别的移动机器人视觉导航　显示文摘▼	张海波 原魁 周庆瑞	2004	中国图像图形学报：A辑2004，9，7：853-857	15
	2	视觉导航自主车方向控制系统性能仿真分析　显示文摘▼	陈向东 嘉文森	1997	国防科技大学学报1997，19，2：25-30	3

图 3-2-11　文献引证追踪检索结果

（4）保存与分析检索结果。①可勾选题名前的方框，导出保存；②可点击题名得详细信息，导出保存；③可查看参考文献、引证文献、引用追踪；④可按被引量多少分析有价值文献等。

3.3　万　方　数　据

万方数据是以科技信息为主，集经济、金融、社会、人文信息为一体的知识服务平台，有期刊论文、学位论文、会议论文、外文文献、专利、标准、成果、法规等多种资源，并通过统一平台实现了跨库检索服务，其中，期刊论文、学位论文、会议论文、专利是全文资源。网址为 http://www.wanfangdata.com.cn，任何用户可免费检索获取题录文摘信息，主页如图 3-3-1 所示。

图 3-3-1　万方数据知识服务平台主页及快速检索界面

3.3.1　检索方式及检索方法

如图 3-3-1 所示，万方数据主要提供了快速检索和高级检索两种方式。

1. 快速检索

快速检索为默认的检索方式，检索框上方为数据库子系统名称，检索词之间的空格表示布尔逻辑与的关系，检索提问式的输入方法如图 3-3-1 所示。

2. 高级检索

点击图 3-3-1 中"高级检索"按钮，进入高级检索界面，分高级检索、经典检索（也称经典高级检索）、专业检索 3 种方式，如图 3-3-2 所示。高级检索是一种字段固定的菜单检索，各字段间的组配关系为布尔逻辑与，参见图 3-3-4。点击图 3-3-2 中的"经典检索"按钮，进入经典高级检索界面，各检索框之间的组配关系为布尔逻辑与，可用下拉菜单选择检索字段，如图 3-3-2 所示。点击图 3-3-2 中"专业检索"按钮，进入专业检索界面，检索提问式的输入方法如

图 3-3-3 所示。

图 3-3-2　经典高级检索界面

图 3-3-3　专业检索界面及检索提问式输入

3.3.2　检索实例

检索课题：混凝土结构与抗震性能研究

1）制定检索策略

（1）分析课题，选择检索词。

混凝土；结构；抗震

（2）使用相关检索技术，构造检索提问式。

混凝土/标题 and 结构/标题 and 抗震/标题

（3）检索要求：①时间限制在 2011～2012 年；②文献类型不限；③检索结

果按最新论文优先排序。

2）实施检索策略

（1）登录网址 http://www.wanfangdata.com.cn，打开高级检索界面。

（2）输入检索提问式，按要求设定检索条件，如图 3-3-4 所示。

（3）点击"检索"按钮，得检索结果，如图 3-3-5 所示。

（4）点击标题查看文摘及详细信息。

（5）订购用户可查看、下载全文，非订购用户可采用其他付费方式查看、下载全文。

图 3-3-4　高级检索界面及检索提问式输入

图 3-3-5　检索结果

第4章 国外网络数据库信息的检索（综合-文摘型）

4.1 Ei village

4.1.1 概述

Ei village 是以揭示世界工程技术及其相关领域学科信息的大型检索平台，包含的数据库主要有以下几种。

1. Compendex

Compendex 源自著名的美国《工程索引》（Engineering Index，简称 EI），创刊于 1884 年，由美国工程信息公司（Engineering Information Inc.）编辑出版，是目前世界最全面的工程类文摘数据库，收录了自 1969 年至今的 190 多个学科的 6000 余种工程类期刊、会议文集和技术报告的摘要。学科涵盖核技术、生物工程、运输、化学和过程工程、光学科技、农业工程和食品技术、计算机和数据处理、应用物理、电子和通信、控制、土木、机械、建材、石油、航空、汽车等领域。数据库每周更新。

2. INSPEC

INSPEC（Information Service in Physics、Electro-Technology、Computer and Control，物理、电子技术、计算机和控制）数据库源自于英国《科学文摘》（Science Abstracts，SA），收录了 4200 多种科技期刊、2000 多种会议论文集以及 1000 种其他出版物的文摘信息。学科涵盖物理、电子电机工程、计算机与控制工程、信息技术、机械与制造工程、材料科学、核能工程、生物医学工程、纳米生物技术、环境与工程、航空航天工程、人工智能、动力与能源、雷达、通讯、地球物理、生物物理、海洋等领域，还可通过 ISI 平台检索。数据库每周更新。

3. NTIS

NTIS（National Technical Information Service）是美国国家技术情报局出版的研究报告数据库，以收录美国政府立项研究的报告为主。主要收录了 1964 年以来美国能源部、国防部、内务部、宇航局、环境保护局、国家标准局等国家、州及地方政府部门立项研究完成的项目报告，包括项目进展过程中的初期报告、中期报告和最终报告等，其中以美国的四大报告 PB（美国民用技术报告）、AD（美国军事报告）、NASA（美国宇航报告）、DOE（美国能源报告）而著称。数据库每周更新。

　　除上述 3 种主要的数据库外，在 EI village 平台上还有 Ei Patents（Ei 专利数据库）、Patents from USPTO and esp@cenet（美国专利数据库和欧洲专利数据库）、GEOBASE（地质学数据库）和 PaperChem（造纸数据库）等。本节以Compendex 为例，介绍其检索方法。

4.1.2　检索方式与检索方法

　　Compendex 提供简单检索、快速检索、专家检索、叙词检索和索引浏览 5 种检索方式。

　　1. 简单检索（Easy Search）

　　简单检索界面如图 4-1-1 所示，在检索框中可输入一个检索词或一个检索提问式，限制检索使用字段符在检索提问式中表达，如使用字段符 wn ti 表示限制在题名字段。检索提问式的输入参见图 4-1-1。

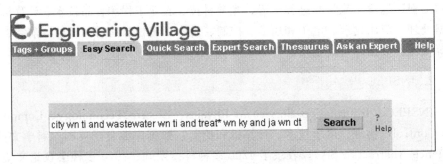

图 4-1-1　简单检索界面及检索提问式输入

　　2. 快速检索（Quick Search）

　　快速检索是系统默认的检索方式，检索界面如图 4-1-2 所示，检索方法如下。

　　1）检索提问式的输入

　　在一个检索框输入的检索提问式可以是一个检索词，也可以是多个检索词。如果是多个检索词，词与词之间可用布尔逻辑算符 and、or、not 或词位算符 near、onear 连接，检索框之间的布尔逻辑算符使用下拉菜单选定。检索词若是复合词或词组，应加双引号表示为整体，可提高查准，如复合词"waste water"、词组"air pollution"，参见图 4-1-2。

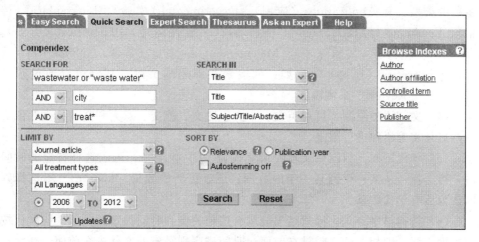

图 4-1-2　快速检索界面及检索式输入

2）截词的处理

有系统自动截词与使用截词符处理两种。

（1）系统自动截词。在快速检索中，系统将自动检索以输入词词根为基础的所有派生词（作者字段除外）。例如，输入 management，结果包含 managing、managed、manager、manage、managers 等词的信息。在"Autostemming off"左侧的方框内勾选则关闭此功能，参见图 4-1-2。

（2）使用截词符。截词符有"＊"、"?"。"＊"为无限截词符，例如，输入 treat＊，可检索包含 treat、treated、treating、treatment、treatments 等的信息；"?"为有限截词符，参见图 4-1-2。

3）限制检索范围（使用下拉菜单选择）

（1）字段限制。限制检索词在指定字段检索。在检索框右侧的下拉菜单中选择字段，有 TI（标题）、AB（文摘）、CV（控制词）、Subject/Title/Abstract（主题/标题/文摘）、AU（作者）、AF（作者单位）、CL（分类码）、SN（国际标准刊号）、PN（出版商）、ST（出版物名称）、LA（原文语种）、ALL（所有字段）等 16 个字段供选择。

（2）文献类型限制。文献类型是指所检索的文献源自出版物的类型，有 Journal Article（期刊论文）、Conference Article（会议论文）、Monograph chapter（专题论文）、Monograph review（专题综述）、Report chapter（专题报告）、Report review（综述报告）、Dissertation（学位论文）等。如果不加限定，系统默认在 All document types（所有文献）中检索。如：只检索期刊论文，可通过限制"Journal Article"来实现。

（3）文献处理类型限制。文献处理类型是用来说明文献的研究方法及所探讨主题的类型。有 Applications（应用）、Experimental（实验）、Biographical（传记）、Economic（经济）、General Review（一般性综述）、Historical（历史）、Literature Review（文献综述）、Management Aspects（管理）、Numerical（数值）、Theoretical（理论）等。如：欲检索某课题的文献综述，可以通过限制"Literature Review"来实现。

（4）文献语种限制。可对英文、中文、法文、德文、意大利文、日文、俄文和西班牙文等语种进行限定。

（5）年代限制。数据库文献收录年代为 1969 年至今，可以选择特定的时间段，可选择：从某一年到某一年的数据；最近更新的数据（update）。不选择则默认为所有年代数据。

（6）选择排序方式。检索结果显示有按相关度和时间排序两种，系统默认按相关度排序，即相关的文献排在前面，时间排序则是新的文献排在前面。

3. 专家检索（Expert Search）

专家检索检索界面参见图 4-1-7，用于较复杂的逻辑运算，适合有一定检索经验的专门人员。检索式的输入方式为："检索词 wn 字段代码"，如果无字段代码，则在所有字段中检索（字段代码表在检索框的下方）。输入方式参见图 4-1-7，字段、文献类型、语种等限制均表达在检索式中，截词处理、年代限制与快速检索相同。

4. 叙词检索（Thesaurus）

叙词是经过规范化处理的主题词，可达到词和概念的一一对应，提高查全率和查准率。采用叙词检索方式时，可利用叙词表来确定检索词，检索方法如下：

（1）点击图 4-1-2 上方的 Thesaurus 按钮，进入叙词词表选择界面，有 3 种选择打开叙词表的方式：①查找（Search）；②准确词组（Exact Term）；③浏览（Browse），如图 4-1-3 所示。

图 4-1-3　叙词词表选择界面

（2）在图 4-1-3 所示的检索框中输入检索词 wastewater，选择 Search 方式，点击 Submit 按钮，进入叙词检索界面，如图 4-1-4 所示。叙词检索界面由叙词表和检索区两部分组成，在叙词表选择叙词后，叙词自动粘贴到检索区内的检索框中，可选择布尔逻辑的组配方式，可进行文献类型、语种、年代等的限制，点击 Search 按钮即可。

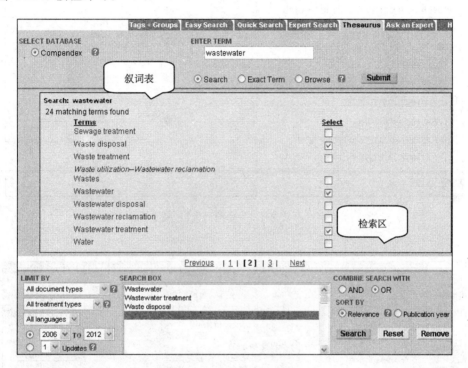

图 4-1-4　叙词检索界面

5. 索引浏览检索（Browse Indexes）

快速和专家检索界面右上方提供了索引浏览检索。快速检索在作者、作者单位、受控词、刊名、出版商 5 个字段提供了索引浏览检索。专家检索除上述字段外，还在语种、文献类型、处理类型 3 个字段提供了索引浏览检索，例如检索有关"皮革鞣制"的文献，点击快速检索的 Controlled term（受控词）链接打开索引，参见图 4-1-2，按字顺找到 leather tanning，在其前面的方框里打勾，如图 4-1-5 所示，系统自动将其粘贴到快速检索的检索框中，并同时切换到受控词字段，参见图 4-1-6。

图 4-1-5　受控词索引

图 4-1-6　受控词自动粘贴并切换到相应字段

4.1.3　检索实例

检索课题：城市污水处理技术（生化法）

1）制定检索策略

（1）分析课题，选择检索词。

城市——city；废水——"waste water"；废水——wastewater；

回收——recycle；净化——purification；处理——treatment；

控制——control；利用——utilization；生化法——biochemical

（2）检索要求：①文献类型限制在期刊；②时间限制在 2006～2012 年；③语种不限。

（3）使用相关检索技术，构造检索提问式。

city wn ti and（"waste water" wn ky or wastewater wn ky）and（treat ＊ or purif ＊ or recycl ＊ or control ＊ or utiliz ＊ ）and ja wn dt

2）实施检索策略

（1）登录 Ei village，打开 Compendex 的专家检索方式。

（2）输入检索提问式，按检索要求设定时间，如图 4-1-7 所示。

（3）点击"Search"按钮，得检索结果 73 篇，查准率不够理想，点击检索结果右下角的 Add a term 进入二次检索界面，输入检索词"bioch ＊ "（生化技术），点选 Search within results，参见图 4-1-8。

（4）点击"Include"按钮，得检索结果 12 篇，如图 4-1-9 所示。

图 4-1-7　专家检索界面及检索提问式输入

图 4-1-8　二次检索界面及检索词输入

图 4-1-9　　（二次）检索结果及题录

　　（5）浏览题录与文摘。题录是系统默认的检索结果显示方式，参见图 4-1-9。浏览题录后，可根据需求选择相关文摘。选择 Abstract（文摘）链接或 Detailed（详细信息）链接显示单篇文摘阅读；在标题前方框内勾选，再选择显示格式 Citation（题录）或 Abstract（摘要）或 Detailed（详细），点击 View Selections 按钮，可显示多篇文摘。

　　（6）保存检索结果。如要保存题录或文摘，有电子邮件、打印、下载、保存到文件夹 4 种保存方式，参见图 4-1-9 上方。方法为：在标题前的方框标记→选择显示格式→选择保存方式→保存。若选择下载方式，有 4 种下载格式，如图 4-1-10 所示，最后一种格式 Plain text format（ASCII）可直接下载，其余几种需安装相应软件方能下载。

　　（7）检索结果分析。在题录的右侧对检索结果中的 Author（作者）、Author affiliation（作者单位）、Controlled vocabulary（受控词）、Classification code（分类码）、Country（国家）、Language（语种）、Year（年份）、Source title（出版物名称）、Publisher（出版商）等进行分析，可了解文献量的增长，国家、语种、主题的分布等。

　　3）获取全文

　　Compendex 是文摘数据库，不提供全文。若用户所在单位已购买有含该篇论文的电子全文数据库，则可通过点击 Full-text 链接到相应的全文数据库中获取该篇论文的电子全文。如果没有电子全文，可以通过原文出处（Source）查找本单位或外单位收藏的纸质或电子全文，方法如下。

图 4-1-10　下载格式选择

　　使用本例第 1 条文摘提供的刊名、卷期号、页码及 ISSN 号（Source：Journal of Hazardous Materials，v198，p13-21，2011，ISSN：03043894），查找本单位的期刊目录或《全国期刊联合目录》（中科院编辑出版），本例以《全国期刊联合目录》说明其查找方法。

　　（1）登录 http：//union. csdl. ac. cn 到全国期刊联合目录检索界面，在检索

图 4-1-11　全国期刊联合目录检索界面

框内输入 ISSN（对于非西语语种的期刊，不能直接用 Compendex 摘要中的刊名，须翻译成相应的语种，建议用 ISSN 进行查找），字段选 ISBN/ISSN，匹配选精确，类型选西文期刊，如图 4-1-11 所示。

（2）点击图 4-1-11 的"检索"按钮，得检索结果，参见图 4-1-12。

检索结果: 共 1 条记录			共 1 页	当前第 1 页	到 1 ▼ 页		
序号	文献名（顺序）	责任者	出版者		标准号	出版年	资料类型
1	Journal of Hazardous Materials		Elsevier Scientific Publishing Co.		0304-3894	1975-	西文期刊

图 4-1-12　检索结果

（3）点击图 4-1-12 中的文献名得该刊详细信息，如图 4-1-13 所示。

> 题名和责任者说明 ： Journal of Hazardous Materials
> 出版 ： Amsterdam : Elsevier Scientific Publishing Co., 1975-
>
> **查看更多馆藏信息**
>
> ISBN/ISSN ： 0304-3894
> 原版刊号 ： 712LB006
> 卷期 ： V.1,no.1(Sept.1975)-
> 中图分类号 ： X7
> 科图分类号 ： 50.95519

图 4-1-13　期刊详细信息

（4）点击图 4-1-13 中的"查看更多馆藏信息"链接，得收藏单位信息，如图 4-1-14 所示；根据馆藏信息，可就近向收藏单位索取纸质或电子全文。

收藏单位	电子收藏年卷期	印本收藏年卷期	文献传递
中国科学院国家科学图书馆总馆	(1) Elsevier-回溯 : 1995 - 1999 (2) Elsevier-SD : 2000 - present	✦ v.1-20 1975-88	文献传递
中国科学院上海生命科学信息中心	(1) Elsevier-回溯 : 1995 - 1999 (2) Elsevier-SD : 2000 - present	✦ v.4 1980-91	文献传递
上海图书馆上海科技情报研究所		✦ v.2-11 1977-85 v.12,no.3 1985 v.13-53,no.3 1986-98 v.54- 1999-	委托申请
中国科学技术信息景所信息服务中心		✦ v.2- 1977- (Lacks v.62,no'2; v.117,no.2,3)	委托申请
南华大学图书馆	(1) Elsevier-SD : 1995 volume 40 issue 1 - present	✦ v.55- 1997-	文献传递
兵器工业科技情报所文献馆		✦ v.2- 1977- (Lacks v.9, no.2-3)	委托申请
桂林科技情报研究所		✦ v.2-13 1977-88	委托申请
国家纳米科学中心	(1) Elsevier-SD : 2003 : present		请登录博客客
中国科学院兰州资源环境科学信息中心	(1) Elsevier-回溯 : 1995 - 1999 (2) Elsevier-SD : 2000 - present		文献传递

图 4-1-14　收藏单位及馆藏信息

4.2　ISI Web of Knowledge

4.2.1　概述

ISI Web of Knowledge 是汤森路透（Thomson Reuters）科技公司推出的信息检索平台，该平台以 Web of Science 为核心，将 CCC（Current Contents Connect）、DII（Derwent Innovations Index）、BP（BIOSIS Previews）、Inspec、MEDLINE、JCR（Journal Citation Reports）等数据库整合在一起，可以检索自然科学、工程技术、生物医学、社会科学、艺术与人文等多个领域高品质的学术信息，并提供了强有力的分析工具，首页如图 4-2-1 所示。

图 4-2-1　ISI Web of Knowledge 首页

1. Web of Science

Web of Science 是 ISI Web of Knowledge 的核心组成部分，由 7 个数据库组成：5 个引文索引库，收录并索引了论文中所引用的参考文献，可以从一篇论文出发，寻根溯源，追踪最新进展，利用强大的分析工具，可快速分析相关文献，概览研究趋势；2 个化学库可以创建化学结构图来查找化合物和化学反应。

1）Science Citation Index Expanded（科学引文索引，SCIE）

SCIE 现收录自然科学期刊 8368 种，学科涵盖：农业、天文学、生物化学、生物学、生物工艺学、化学、计算机科学、材料科学、数学、内科学、神经系统科学、肿瘤学、小儿科、药理学、物理、植物学、精神病学、外科学、兽医学、动物学等领域。

2）Social Sciences Citation Index（社会科学引文索引，SSCI）

SSCI 现收录社会科学期刊 2978 种，学科涵盖：人类学、历史、行业关系、信息科学和图书馆科学、法律、语言学、哲学、心理学、精神病学、政治学、公共卫生学、社会问题、社会工作、社会学、药物滥用、城市研究、女性研究等领域。

3）Arts & Humanities Citation Index（艺术与人文科学引文索引，A&HCI）

A&HCI 现收录艺术和人文期刊 1650 种，学科涵盖：考古学、建筑学、艺术、亚洲研究、古典文学、舞蹈、民间传说、历史、语种、语言学、文学、音乐、哲学、诗歌、广播、电视和电影、宗教和戏剧等领域。

4）Conference Proceedings Citation Index - Science（科技会议录引文索引，CPCI-S）

CPCI-S 几乎涵盖了科技领域的会议录，是 ISI 著名的学术会议录文献索引- Index to Scientific & Technical Proceedings（科技会议录索引，ISTP）的 Web 版。

5）Conference Proceedings Citation Index - Social Sciences & Humanities（社会科学会议录引文索引，CPCI-SSH）

CPCI-SSH 几乎涵盖了社会科学、艺术及人文科学领域的会议录文献。

6）Index Chemicus（化学索引，IC）

IC 是有关生物活性化合物和天然产物最新信息的重要来源，收录来自国际一流期刊所报道的最新有机化合物的结构和关键支持数据，许多记录显示了从原始材料到最终产物的反应流程。支持结构式检索，结果包括用结构图形式表示的化合物、重要的反应图示、完整的书目信息和作者文摘等。

7）Current Chemical Reactions（最新化学反应，CCR）

CCR 收录 39 个发行机构的期刊和专利中的全新单步和多步合成方法。每种方法都提供有总体反应流程以及每个反应步骤详细、准确的示意图。数据库除提供题名、关键词等常规的检索字段外，还可以用反应式、结构式等进行检索。检索结果包括完整的反应图示、重要的反应条件、生物数据和作者文摘。利用

CCR 可以了解最新的化学合成、药物合成和化合物及其生物活性方面的信息。

2. Derwent Innovations Index

Derwent Innovations Index（德温特发明索引，DII），是以德温特世界专利索引（Derwent World Patent Index，DWPI）和德温特世界专利引文索引（Patents Citation Index，PCI）为基础构建的专利信息和专利引文信息数据库，收录来自全球 41 个专利机构，涵盖 100 多个国家的专利信息，是世界上最大的专利信息数据库。

3. Journal of Citation Reports

Journal of Citation Reports（期刊引证报告，JCR），依据 ISI Web of Science 中的引文数据，对全球学术期刊进行客观、系统的评估，以定量的方式分析全球的学术期刊，可通过这些分析数据了解某种学术期刊在相应研究领域中的影响力。在 JCR 指标中，影响因子（IF）是评价期刊质量的重要指标，引用量反映了期刊的影响程度，发文量则是期刊规模的标志。JCR 不仅可按照学科范畴、出版社、国家或地区浏览期刊，还可从刊名全称、缩写刊名、刊名关键词及 ISSN 检索被 SCI Expanded 收录的期刊，可以浏览某种期刊近 5 年的影响因子变化趋势图，从而了解该期刊影响力的变化情况。

4. Current Contents Connect

Current Contents Connect（期刊题录快讯，CCC），收录了世界上 8000 余种学术期刊和 2000 余种图书的题录信息。学科涵盖生命科学、临床医学、工程、计算与技术、社会与行为科学、艺术与人文、物理、化学与地球科学、农业、生物与环境科学、商业、电子工程与通讯等领域。

5. BIOSIS Previews

BIOSIS Previews（生物学数据库，BP），收录世界上 100 多个国家和地区的 5500 种生命科学期刊和 1500 种非期刊文献，如学术会议、研讨会、评论文章、专利、书籍、软件评论等。学科涵盖生物学、生物化学、生物技术、医学、药学、动物学和农业等生命科学研究的主题，还可通过 OVID 平台检索。

6. INSPEC

INSPEC（Information Service in Physics、Electro-Technology、Computer and Control，物理、电子技术、计算机和控制信息服务），收录了 80 个国家出版的 4200 多种科技期刊、2000 多种会议论文集以及 1000 种其他出版物的文摘信

息。学科涵盖物理、电子电机工程、计算机与控制工程、信息技术、机械与制造工程、材料科学、核能工程、生物医学工程、纳米生物技术、环境与工程、航空航天工程、人工智能、动力与能源、雷达、通信、地球物理、生物物理、海洋等领域，还可通过 Ei village 平台检索。

7. MEDLINE

MEDLINE（生物医学）数据库，包含生命科学领域的 1200 多万条期刊论文，涉及的学科类别除护理学、牙科学、兽医学、药理学、健康相关学科和临床前科学等外，还包括生物学、环境科学、海洋生物学、植物和动物科学以及生物物理学和化学的某些方面内容。从 2000 年开始，生命科学的涵盖范围得到扩展，到 2001 年年底，以前包括在单独的 NLM 专业数据库中的多数引文均已添加到了 MEDLINE 中，还可通过 OVID、SciFinder 平台检索。

8. Zoological Record

Zoological Record（动物学，ZR）数据库，收录了 100 多个国家的 5000 多种国际性连续出版物，以及图书、会议等，学科涵盖生物化学、兽医药、保护和环境科学、遗传学、地理学和化石记录、寄生虫学、分类和系统学等领域，是世界领先的分类参考文献和历史最悠久的动物学数据库。

9. 中国科学引文数据库

为 1200 种在中国出版的科技核心期刊提供题录和引文。

4.2.2 跨库检索

跨库检索是 SI Web of Knowledge 默认的检索界面，即使用一个检索提问式可检索在多个数据库中的信息，检索界面如图 4-2-2 所示。检索方法如下（单库检索参见 4.2.3～4.2.5 节）。

（1）检索词或检索提问式的输入。检索框内可输入单个检索词或检索提问式，检索词可用截词算符（∗、?、$）、精确短语符号（""）等进行处理，检索框之间可用布尔逻辑组配，参见图 4-2-2。

（2）使用下拉菜单进行字段限制。

（3）点击"检索"按钮，检索结果参见图 4-2-3。

4.2.3 Web of Science

1. 检索方式

Web of Science 提供了普通检索（Search）、被引参考文献检索（Cited Reference Search）、化学结构检索（Structure Rearch）和高级检索（Advanced Search）4 种检索方式，主页如图 4-2-4 所示。

图 4-2-2 跨库检索界面及检索提问式输入

图 4-2-3 跨库检索结果

2. 限制方式

（1）时间限制。在时间跨度下点选，可进行年代限制。

（2）数据库限制。点击"引文数据库"和"化学数据库"前的⊞，可打开 7 个子库列表，参见图 4-2-5。可根据学科需求，选择一个子库或多个子库。

（3）调整检索设置。点击图 4-2-4 中"调整检索设置"前的⊞，可进行词形限制，根据检索要求将词性还原选择在打开或关闭状态，参见图 4-2-6。

（4）调整检索结果设置。点击图 4-2-4 中"调整检索结果设置"前的⊞，可进行检索结果限制，提供了每页显示记录数、排序方式、精炼面板 3 种设置，参见图 4-2-6。①记录数，每页显示记录有 10 条、25 条、50 条；②排序方式有出

图 4-2-4　Web of Science 主页

图 4-2-5　Web of Science 7 个子库列表

图 4-2-6　调整检索设置与调整检索结果设置

版日期（降序和升序）、被引频次（降序和升序）、相关性等 13 种方式，选择被引频次（降序）、相关性两种为最佳，参见图 4-2-6；③精炼面板如果处于显示状态，则在检索结果（题录）页面给出结果内检索（在窗口中输入一个新词进行精炼）、分类精炼（从 Web of Science 类别、文献类型、学科类别、作者、团体作者、编者、来源出版物、会议名称、出版年、语种、国家和地区等 14 种方式中进行精炼）和分析检索结果 3 种精炼方式。

3. 检索方法

1）普通检索（Search）

提供了主题、作者、地址等 16 个字段，参见图 4-2-4。检索某一学科或某一课题的相关文献时选用主题或标题字段，检索某作者的论文被 SCIE 收录时，选用作者字段，若要检索某些机构、大专院校、公司乃至国家和城市论文收录情况，则应选地址字段。检索框之间可用布尔逻辑算符 and、or、not 进行组配，检索框内的检索词除可用布尔逻辑 and、or、not 进行组配外，还可用位置逻辑算符 same、near 进行组配，可使用 *、?、$ 对检索词进行截词处理，使用方法见检索实例。

2）被引参考文献检索（Cited Reference Search）

用于检索某作者、某期刊论文（书籍、专利）发表以来被引用的情况，点击图 4-2-4 上方的 "被引参考文献检索" 链接进入被引参考文献检索界面。该界面为固定列表形式，如图 4-2-7 所示。检索框之间的关系为布尔逻辑与（and），检

图 4-2-7　被引参考文献检索界面

索框内的检索词可用布尔逻辑 and、or、not 进行组配，可使用 ＊、?、$ 对检索词进行截词处理。

（1）被引作者检索。在检索框输入被引作者姓名，注意姓在前、名在后，名字要缩写。由于名字缩写，将会引出同名作者而影响查准率，需要输入论文的出版物名称加以限定，以提高查准率，注意出版物名称要缩写，可参见"期刊缩写列表"。

（2）被引著作检索。在检索框输入缩写期刊名称，可查询该刊被引用的情况（点击窗口下方的"期刊缩写列表"，查询期刊刊名的缩写形式）。如果检索图书被引用的情况，则输入书名中第一个或多个有意义的单词，不使用冠词和介词；检索某专利被引用的情况，则输入专利号（不加国别）。

（3）被引年份检索。在检索框直接输入 4 位数年份（如 2012），也可以利用 or 将不连续的年份连接起来（如 2008 or 2011），也可用连接符"-"限定时间范围（如 2010-2012）。

3）高级检索（Advanced Search）

点击图 4-2-4 上方的"高级检索"链接进入高级检索界面，可使用布尔算符、位置算符、截词算符和字段代码等进行组配构造检索提问式，检索提问式输入如图 4-2-8 所示。逻辑算符、字段标识参见图 4-2-8 右上方，可对原文语种、文献类型等进行限制。

图 4-2-8　高级检索界面及检索提问式输入

　　4）化学结构检索（Structure Rearch）

　　化学结构检索是为 Index Chemicus 和 Current Chemical Reactions 两个化学信息数据库所创建。点击图 4-2-4 上方的"化学结构检索"链接，进入化学结构检索界面。化学结构检索界面分为 3 部分：化学结构绘图检索、化合物数据检索和化学反应数据检索，如图 4-2-9（a）、图 4-2-9（b）、图 4-2-9（c）所示。

（a）化学结构绘图检索界面

（b）化合物数据检索界面

（c）化学反应数据检索界面

图 4-2-9　化学结构检索界面

（1）化学结构绘图检索（Structure Drawing）。单击化学结构绘图选项；绘制化学结构图；将化学结构图插入检索式框中；选择检索模式，选择"子"结构，用于查找包含检索式框中内容的化合物或化学反应，选择"精确匹配"，用于查找与检索式框中内容匹配的化合物或化学反应；点击"检索"按钮。

（2）化合物数据检索（Compound Data）。有 3 个检索字段，即化合物名称、化合物生物活性及分子量。根据已知条件，在对应字段的检索框中输入检索词；如果要指定化合物在化学反应中的特征表述，可在复选框选择，复选框有"作为反应物"、"作为产物"、"作为催化剂"和"作为溶剂"4 种选择。

（3）化学反应数据检索（Reaction Data）。有 8 个检索字段，即气体环境、其他、压力（Atm）、时间（小时）、温度（摄氏度）、产率、反应关键词、化学反应备注。气体环境、压力、时间、温度、产率通过下拉菜单选择；其他和反应关键词，点击列表链接可选择检索词，在反应备注框，可输入包括优点、限制、警告和其他定性数据；回流标记框，是选择检索是否回流的化学反应的标记框。

4. 检索实例

检索课题：计算机中央处理器冷却系统

1）制定检索策略

（1）分析课题，选择检索词。

计算机——computer；中央处理器——central processor、CPU；

微处理器——microprocessor；冷却——cool；

散热——dissipate heat；温控——temperature control

（2）使用相关检索技术，构造检索提问式。

标题＝comput * and 主题＝（"central processor" or CPU or microprocessor）and 主题＝（cool * or "dissipate heat" or "temperature control"）and 出版年＝（2002-2012）

2）实施检索策略

（1）登录 ISI Web of Knowledge 主页，打开 Web of Science 的普通检索界面。

（2）选择子数据库：SCI-EXPANDED。

（3）选择调整检索设置：词形还原为打开。

（4）输入检索提问式，按检索提问式选定布尔逻辑算符与检索字段，参见图 4-2-10。

（5）点击"检索"按钮，得检索结果，如图 4-2-11 所示。

（6）点击标题或查看摘要链接，显示单篇文摘。

（7）勾选检索结果标题前的方框，点击标题上方的☑，然后点击标记结果

图 4-2-10　输入检索式

图 4-2-11　检索结果

列表后括号内的数字，在弹出的输出格式表单中，勾选需要的字段，参见图 4-2-12,点击打印机图标，则批量显示结果，如图 4-2-13 所示。

（8）保存。可选定题录或文摘后复制，粘贴到写字板上，或点击图 4-2-12 中的信封图标，发送到电子邮箱。

（9）分析检索结果。在检索结果显示页的右上方，有分析检索结果链接，点击该链接可对检索结果进行国家/地区、机构、来源出版物、学科类别、文献类型、作者、出版年等多种分析。

图 4-2-12　输出格式表单

图 4-2-13　批量显示结果

3）获取全文

Web of Science 是文摘数据库，不提供全文。在检索结果的题录和文摘页面，如有"全文"按钮，说明所在单位购买了电子全文，点击"全文"按钮就可得到 PDF 格式的原文；如无"全文"按钮，可根据来源出版物项查找馆藏单位，方法参见 4.1.3 节检索实例。

4.2.4　Derwent Innovations Index

1. 检索方式

Derwent Innovations Index（DII）主页如图 4-2-14 所示，提供普通检索
（Search）、被引专利检索（Cited Patent Search）、高级检索（Advanced Search）
和化合物检索（Compound Search）4 种检索方式。

图 4-2-14　DII 主页

2. 检索限制选择

DII 有时间跨度、引文数据库选择、调整检索结果设置 3 种检索限制，如图
4-2-15 所示，检索之前可根据需要进行限定。引文数据库可单选，也可全选。排

图 4-2-15　检索限制设置

序方式有：更新日期、发明人、出版日期、专利权人名称、专利权人代码、被引频次、德温特分类代码 7 种。

3. 检索方法

1）普通检索（Search）

检索界面如图 4-2-16 所示，提供了主题、标题、发明人、专利号、国际专利分类、德温特分类代码、德温特手工代码、Derwent 主入藏号、专利权人－仅限名称、专利权人、环系索引号、Derwent 化合物号、Derwent 注册号、DCR 号等 14 个字段，可根据检索条件使用布尔、位置、截词等逻辑算符与字段进行组配。

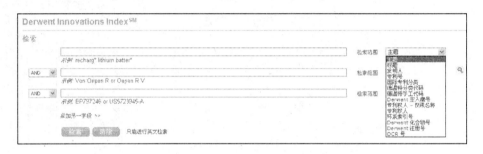

图 4-2-16　DII 普通检索界面

2）被引专利检索（Cited Patent Search）

检索界面如图 4-2-17 所示，可从被引专利号、被引专利号-扩展以包括专利家族、被引专利权人、被引专利权人名称、被引专利权人代码、被引发明人、被引的 Derwent 主入藏号 7 个字段检索，检索框之间为布尔逻辑与的关系。

图 4-2-17　DII 被引专利检索界面

3）高级检索（Advanced Search）

与 ISI Web of Science 高级检索相同，详见 4.2.3 节。

4）化合物检索（Compound Search）

检索界面如图 4-2-18 所示，分上下两部分，上部是化学结构绘图检索，下部是化合物名称检索。

图 4-2-18　化合物检索界面

4.2.5　Journal Citation Reports（JCR）

1. 概况

JCR 使用的引文数据摘自 60 多个国家和地区的 3300 多家出版商出版的 8000 多种学术性技术期刊。作为一种分析工具，JCR 可以显示某一领域最常引用的期刊、某一领域最具影响力的期刊、某一领域最热门的期刊、某一领域一流的期刊、某一领域相关的期刊等。JCR 是查询期刊引文数据的唯一来源，提供期刊评价的主要数据有：

（1）影响因子（Impact Factor）。是国际上通用的评价期刊质量的重要指标。计算公式为

当年的影响因子=该刊前两年发表论文被引用的总次数/该刊前两年发表论文总数

（2）发文量（Articles）。指在某一特定年度该期刊发表的论文总数。

（3）引文量（Total Cites）。指在某一特定年度该期刊发表的论文被其他期刊论文引用的总数。

（4）及时指数（Immediacy Index）。表征期刊及时反应速率的指标，确定该刊发表的论文在同年被引用的快速程度。计算公式为

及时指数=该刊当年发表论文的被引用次数/该刊当年发表论文的总数

（5）被引半衰期（Cited Half-life）。是衡量期刊老化速度快慢的一种指标。

2. 检索方式和使用方法

JCR 主页如图 4-2-19 所示，提供了分类检索、特定期刊检索、浏览检索 3 种检索方式。

图 4-2-19　JCR 主页

1）分类检索使用方法

可按主题范畴、出版商、国家地区分类检索。

（1）Subject Category（主题范畴）。JCR 列出了 170 个主题，每个主题给出了该主题所有期刊的影响因子、及时指数等指标以及该主题的平均指数。可从 170 个主题范畴中选择一个或多个主题进行检索。利用 Subject Category 检索可了解该学科领域所有期刊的影响因子以及某种期刊在该主题范畴内的影响力。

（2）Publisher（出版商）。可了解各个出版社出版期刊的影响因子、及时指数等指标，主要用于订购期刊时参考。

（3）Country/Territory（国家/地区）。通过该方式可了解各个国家或地区期刊的影响因子、及时指数等指标，供作者向刊物投稿时参考。

若要检索某一主题领域期刊的影响因子，先点选图 4-2-19 中的 View a group of journals by，再选 Subject Category，点击"SUBMIT"按钮得到主题列表，如图 4-2-20 所示，选择其中一个主题，如 ENGINEERING，CHEMI-CAL，点选 View Journal Data - sort by:，点击"SUBMIT"按钮，即可浏览该主题范畴所有期刊的影响因子。

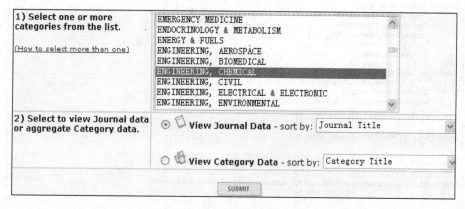

图 4-2-20　主题分类检索界面

2）特定期刊检索方法

点选图 4-2-19 中的 Search for a specific journal，点击"SUBMIT"按钮，进入特定期刊检索界面。在检索框中输入刊名（NATURE），系统默认的检索字段为全刊名（可打开 Search by 下拉列表，有全刊名、缩写刊名、刊名关键词、ISSN 4 种字段供选择），点击"SEARCH"按钮，即可得到该刊的影响因子以及发文量、引文量等指标，如图 4-2-21 所示。

点击图 4-2-21 的刊名 NATURE 链接，可得到该刊的出版事项以及影响因子、5 年影响因子的计算方法等详细信息，参见图 4-2-22。若点击"IMPACT

图 4-2-21　特定期刊检索界面及检索结果

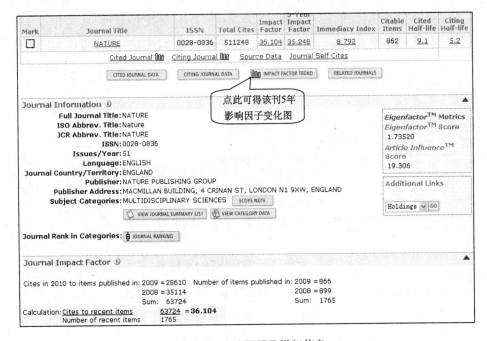

图 4-2-22　NATURE 详细信息

FACTOR TREND"，能看到该刊 5 年来的影响因子，从而了解刊物的发展情况。

3）浏览检索方法

点击图 4-2-19 的 View all journals，单击"SUBMIT"按钮，即可浏览 JCR 收录的所有期刊的影响因子以及发文量、引文量等指标，如图 4-2-23 所示。下拉图 4-2-23 上方的 Sorted by：列表，选中 Impact Factor ，点击"SORT AGAIN"按钮，可对所有期刊按影响因子重新排序（降序），了解期刊按影响因子从高到低排序的情况。

Journal Summary List

Journals from: **All Journals**

Sorted by: Impact Factor ▼ SORT AGAIN

Journal Title
Total Cites
Impact Factor
Immediacy Index
Current Articles
Cited Half-Life
5-Year Impact Factor
Eigenfactor(TM) Score
ArticleInfluence(TM) Score

Journals 1 - 2 | ‹ « [1 | 2 | 3 | 4 | 5 | 6 | 7 | 8 | 9 | 10] › » |

Ranking is based on your journal and sort selections.

MARK ALL UPDA

Mark		Title (linked to journal information)	ISSN	JCR Data ⓘ					
				Total Cites	Impact Factor	5-Year Impact Factor	Immediacy Index	Articles	Cited Half-life
☐	1	4OR-Q J OPER RES	1619-4500	139	0.690		0.065	31	4.1
☐	2	AAOHN J	0891-0162	468	0.560		0.170	53	6.0
☐	3	AAPG BULL	0149-1423	6694	1.964	2.587	0.552	67	>10.0
☐	4	AAPS J	1550-7416	1939	3.942	5.265	0.747	75	4.0
☐	5	AAPS PHARMSCITECH	1530-9932	1851	1.211	2.035	0.124	201	4.6
☐	6	AATCC REV	1532-8813	309	0.315	0.384	0.083	24	6.7

图 4-2-23　浏览检索界面

第5章 国外网络数据库信息的检索（专业-文摘型）

5.1 SciFinder

5.1.1 概述

SciFinder 是美国化学学会（ACS）的分支机构化学文摘服务社（CAS）为化学化工、生命科学、医学等以及相关领域提供的信息检索平台，学科涵盖化学、物理学、生物和生命科学、医学、农业、工程、材料、聚合物和食品科学等领域。SciFinder 的特色在于不仅可以获得文献信息（标题、作者、来源、文摘等），还可以获得物质信息（化学名称、CAS 登记号、分子式、结构图、序列信息、性质数据信息等）和反应信息（包括反应图、反应物、产物、试剂、催化剂、溶剂以及步骤注解等）。

1. SciFinder 数据库

（1）Caplus（化学文摘数据库）。包含了 1907 年以来化学文摘（CA）纸本的所有内容，信息来源 150 多个国家上万种期刊和 61 个专利机构的专利（含专利族）。50 多种语言的论文、会议录、技术报告、著作等，数据超过 3400 万条，每日更新。

（2）Medline（生物医学文摘数据库）。提供 1951 年以来 70 多个国家、4800 多种生物医学期刊的信息，数据超过 1800 万条，每周更新 5 次。

（3）CAS Registry（CAS 登记号数据库）。是世界上最大的物质数据库，收录 1957 年以来在 CAS 登记的全部化学物质，目前已有 6300 万个无机物、有机物、聚合物，6100 多万生物序列，每日更新。

（4）CASReact（化学反应数据库）。是世界上最大的反应数据库，提供 1840 年以来收录期刊及专利中单步或多步有机化学反应资料。目前已有 3650 多万条单步、多步反应资料，1400 万制备信息，其中包括反应物、产物、溶剂、催化剂、反应条件、产率等信息，每周更新。

（5）ChemList（管制品数据库）。收录 1979 年至今的管制化学品的信息，包括物质的特征、详细目录、来源以及许可信息等，目前已收录超过 22.8 万种化合物的详细清单，每周更新。

（6）Chemcats（化学商业信息数据库）。收录化学品的来源信息，包括化学品目录手册以及供应商的地址、价格等信息，目前收录 900 家供应商的 1000 多种目录。

2. 用户注册

使用 SciFinder 的用户需要注册建立个人的用户名和密码，由用户所在机构提供的地址登录 SciFinder 用户注册页面。如四川大学用户可使用 https://scifinder. cas. org/registration/index. html? corpKey = 5BC0ED2C-86F3-5055-75DE-7AD89C71ECA9 登录注册。在设置用户名及密码时，用户名是唯一的，包括5～15 个字符，它可以包括字母或字母组合、数字和/或以下特殊字符：-(破折号)；_（下划线）；.（句点）；@（表示"at"的符号）。密码：必须包括 7～15 个字符，并且至少包括 3 个以下字符：字母、混合的大小写字母；数字；非字母数字的字符（如@、#、%、&、＊等）。注册后系统将自动发送一个链接到您所填写的 email 邮箱中，在 48 小时内激活即可完成注册。

3. 登录首页

登录 https://scifinder. cas. org 或 https://origin-scifinder. cas. org 进入 SciFinder 首页，参见图 5-1-1 所示，输入用户名、密码即可进入检索界面。

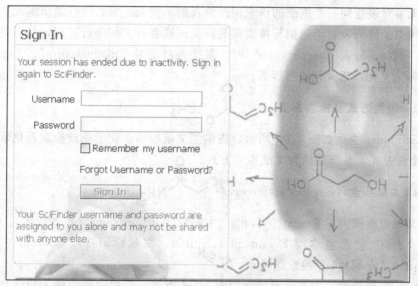

图 5-1-1　SciFinder 首页

5.1.2　检索技术

1. 布尔检索和词位检索

在 SciFinder 系统中，检索词之间的布尔逻辑、词位组配与其他数据库不同，大部分数据库通常都采用布尔运算符（如 and、or、not）和词位算符（如 near、same）。而 SciFinder 采用介词（如 at、by、in、with 等）连接检索词，在检索结果中用 as entered、concepts、colosely associated with one another、were present anywhere in the reforence 等表达布尔逻辑、词位组配的结果。例如，输入短语 "deying of wastewater treatment"，系统能自动进行布尔逻辑的各种运算和词位运算。

2. 截词检索

在 SciFinder 系统中，能识别检索词的缩写、复数、不同时态、同源词等形式，自动进行截词处理，不需要在检索词尾和中间使用 *、?、$、! 等符号（删减字符或通配符），直接用单词或自然语言表达截词检索，例如，输入 "bio"，系统可自动进行截词运算。

3. 同义词、近义词检索

在 SciFinder 系统中，对输入的检索词自动进行同义词、近义词的扩展检索，无须对表达同一个概念的检索词所涉及的不同表达方式进行逻辑组配，即系统先根据扩展词表自动地把与检索词的同义词或者近义词进行扩展，然后再进行检索。例如，输入 "preparation" 时，系统可自动对 "manufacture"、"synthesis" 等同义词或近义词进行运算。

5.1.3 检索方式及检索方法

SciFinder 主页如图 5-1-2 所示，提供了文献检索、化学物质检索及化学反应 3 种检索方式，系统默认为文献检索方式。

1. 文献检索（Explore References）

文献检索提供了 Research Topic（主题）、Author Name（作者姓名）、Company Name（公司名称）、Document Identifier（文献标识符）、Journal（期刊）及 Patent（专利）6 种检索途径。

（1）主题检索。主题检索界面如图 5-1-2 所示，在检索框中输入检索词或由介词组成的式子，如 "therapy of diaetes"（糖尿病的治疗），检索方法参见实例。

（2）作者姓名检索。点击图 5-1-2 左方的 Author Name 链接，打开作者姓名检索界面，参见图 5-1-3，有 3 个输入框，Last *（姓）必须填写，如果不能确认则可选择下面的选项（Look for alternative spellings of the last name）。

（3）公司名称检索。点击图 5-1-2 左方的 Company Name 链接，打开公司名称检索界面，输入公司的简称或全称即可。

图 5-1-2　SciFinder 主页及主题检索界面

图 5-1-3　作者姓名检索界面

2. 化学物质检索（Explore Substances）

化学物质检索提供了 Markush（马库西）、Chemical Structure（化学结构）、Molecular Formula（分子式）及 Substance Identifier（物质标识符）4 种检索途径。在初次进入化学物质检索之前，要安装 Java 软件。

（1）马库西检索。化学专利中普遍应用马库西结构，它是由一个新颖的母体基团和可变取代基组成的族性结构化学物质。只有在特定情况下，检索化学专利中确定该化学结构是否存在，才需要马库西检索。

（2）化学结构检索。为图形检索方式，通过系统提供的结构绘制窗口，绘制出化学结构图标并设定物质在反应时的角色（反应物试剂产物等）。点击图 5-1-2 中上方的 Explore Substances 进入化学结构及反应检索界面，如图 5-1-4 所示。结构绘图工具位于绘图区的左方，主要用于化学结构检索绘制物质结构，其含义分别为：![铅笔图标]铅笔、![橡皮擦图标]橡皮擦、![Atom图标]元素周期表、![Short图标]常用基团、![-X图标]可变基团、![=R图标] R 基团定义工具、![[]1-4图标]重复基团工具、![可变位置图标]可变位置连接工具、![碳链图标]碳链工具、![结构模板图标]结构模板工具、![选择图标]选择工具、![索套图标]索套选择工具、![环锁定图标]环锁定工具、![原子锁定图标]原子锁定工具、![旋转图标]旋转工具、![镜面旋转图标]镜面旋转工具、![正电子图标]正电子、![负电子图标]负电子。

点选化学结构检索界面的右上方的 Structure 或 Reaction 或 Markush，可以进行结构和反应功能切换。点选化学结构检索界面的右下方的 Exact search 或 Substructure search 或 Similarity search 可进行精确结构检索、亚结构检索和相似结构检索。

精确结构检索，可得到以下各种类型的化合物：①与已绘制结构完全相同的物质；②同位素化合物；③配位化合物；④单体组成的聚合物；⑤混合物；⑥物质的盐；⑦异构体。

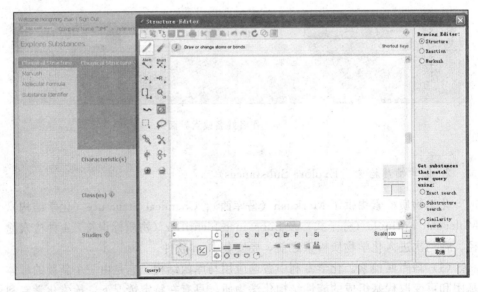

图 5-1-4　化学结构及绘图工具界面

亚结构检索，可以得到若干物质的修饰信息：①与已绘制的结构相同（与精确结构检索相同）；②包括绘制结构的多元物质，例如聚合物、混合物和盐等；③在指定位置有取代基和包含绘制结构的物质；④绘制结构的环系为结果物质环系的一部分。

　　相似结构检索，可获得结构相似度在 60 以上的物质：①包含绘制结构的多元物质，如聚合物，配合物等；②结构相似的物质，但是成分、取代基和位置有所不同；③结构相似，但大小环结构不同。

　　（3）分子式检索。点击图 5-1-4 左栏的 Molecular Formula 进入检索界面，参见图 5-1-14，分子式不必按 Hill Order 排列，系统会分析所输入的分子式，并重新编排原子，使之成为能被计算机识别的 Hill System Order。需要注意的是要区分大小写；输入必须规范，否则会要求重输；输入盐类，可分为酸碱组分以"·"相连，如：H3O4P·3Na；H3O4P·2Na；H3O4P·Na分别代表不同的物质；聚合物则输入单体组成以括号加 X，如（C4H6）X；对于复杂的有机物质，可以通过分子式查询，并通过亚结构限定获得。

　　（4）物质标识符检索。点击图 5-1-4 左栏的 Substance Identifier 链接进入检索界面。标识符可输入物质的化学名俗名、商品名、缩写、CAS 登记号等，每行只能输入一个标识符，不区分大小写，可以包括空格和标点符号，登记号包含连字符。在物质标识符系统中，可通过物质标识符定位物质，可获得登记号、指定物质名称相对应的物质。

　　3. 化学反应检索（Explore Reactions）

　　化学反应检索为图形检索方式，点击图 5-1-2 中上方的 Explore Reactions，进入化学反应检索界面，如图 5-1-5 所示。可使用绘图工具，绘制化学反应中物质的结构，选择下方的有关条件检索。

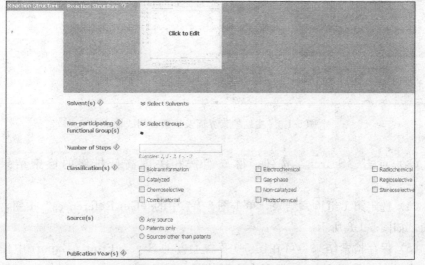

图 5-1-5　化学反应检索界面

5.1.4　检索实例

1. Research Topic（主题）检索实例

检索课题：聚磷酸铵膨胀型阻燃剂在聚乙烯的应用研究

1）制定检索策略

（1）分析课题，选择检索词。

聚磷酸铵——ammonium polyphosphate；膨胀型阻燃剂——expandable flame retardant；聚乙烯——polyethylene

（2）构造检索提问式。

ammonium polyphosphate in expandable in flame retardant in polyethylene

2）实施检索策略

（1）登录 https://scifinder.cas.org 进入首页，参见图 5-1-1，输入用户名、密码进入主题检索界面，如图 5-1-6 所示。

（2）输入检索提问式，如图 5-1-6 所示。

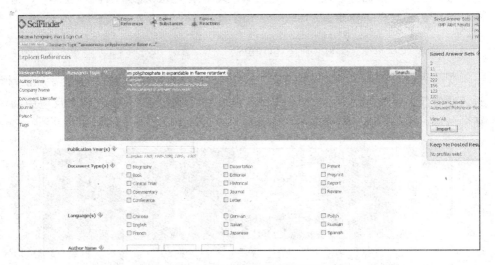

图 5-1-6　主题检索界面及检索提问式输入

（3）点击 "Search" 按钮，得 6 组按相关度高低排序的检索结果，如图 5-1-7 所示。

（4）选定第 1 组检索结果，单击图 5-1-7 中的 "Get References" 按钮，得到文摘，如图 5-1-8 所示。

（5）保存检索结果。可在图 5-1-8 右上方的 Save、Print、Export 中任选一种方式保存。使用 Export 保存有 3 种格式：①Citation manager 保存为 RIS 格式，用于导入 EndNote 等文献管理工具；②Offline Review 保存为 PDF、RTF 格式，用于脱机浏览；③Saving locally 保存于本机上。

图 5-1-7　检索结果

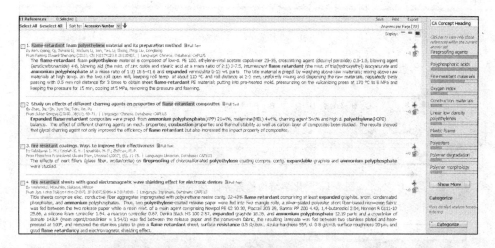

图 5-1-8　文摘

3）获取全文

SciFinder 为文摘数据库，如标题后有 Full Text 图标，表示为是已订购或开放的电子文献，点击图标可查看全文；若无 Full Text 图标，可通过原文出处查找获取馆藏信息，参见 4.1.3 节检索实例。

2. Chemical Structure（化学结构）检索实例

检索课题：检索结构式为 ⬡—S—OH（苯磺酸）的精确结构、亚结构和

相似结构信息

打开化学结构检索界面，检索过程如下：

（1）利用绘图工具绘制结构式，如图 5-1-9 所示。

图 5-1-9　化学结构检索界面及结构式绘制

图 5-1-10　化学结构选择界面

（2）精确结构检索。点选 Exact search，点击"确定"按钮，弹出化学结构
选择界面，如图 5-1-10 所示。点选图下方的 Preparation（制备）（可同时选择其他
条件），点击"Search"按钮，得到与该化学结构相关的信息 2240 条，如图 5-1-11
所示。选择与苯磺酸结构完全相同的第 1 条，单击第 1 条右上方的 🔬、🧪、🏛 中
任何一个图标，可得书目信息、商业信息、管制品信息、实验性质和反应信息等。

图 5-1-11　精确结构检索选择结果

（3）亚结构检索。点选图 5-1-10 中的 Substructure，得到该化学物质的亚结
构信息 141944 条，如图 5-1-12 所示。若需进一步的限定选择，如在图 5-1-10 下
方的各种限定字段中，选择特征中的 Commercially avaible、分类中 Incomple-
telly defind or polymer 和研究内容中的 reactor or reagent 或 Preparation。

图 5-1-12　亚结构检索结果

（4）相似结构检索。点选图 5-1-10 的 Similarity，点击"Search"按钮，得 3
组相似结构信息，如图 5-1-13 所示。选择相似度高的一组，有 2241 条信息，单
击图 5-1-13 中的"Get Substances"按钮，可得到有关的书目信息、反应信息。

图 5-1-13　相似结构检索结果

3. Molecular Formula（分子式）检索实例

已知甲基丙烯酸缩水甘油酯的分子式为：$C_7H_{10}O_3$，登记号为：106-91-2，检索其英文名称、结构式及相关信息。

打开 Molecular Formula 检索界面，检索过程如下：

（1）输入分子式，如图 5-1-14 所示。

图 5-1-14　分子式检索界面及分子式输入

（2）点击"Search"按钮，得符合该分子式组成的同分异构体，根据登记号逐条浏览选择出符合检索要求的第 1957 条信息，其英文名称、结构式如图 5-1-15 所示。

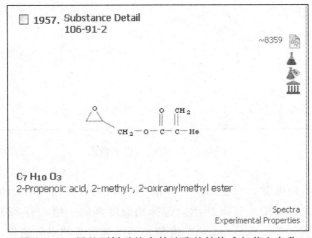

图 5-1-15　甲基丙烯酸缩水甘油酯的结构式与英文名称

（3）点击图 5-1-15 中的 Substance Detail 106-91-2 图标，可得到该物质的生物特性、化学性质、密度等相关信息。

（4）分别点击图 5-1-15 右侧的图标，可得系列其他相关信息。

5.2　Ovid

5.2.1　概述

Ovid 是美国 Ovid technologies 的检索平台，提供一致的检索技术与方法，可检索多种不同来源的 300 多个书目、摘要及全文数据库，如生物学信息数据库（BIOSIS Previews）、循证医学（EMBASE）、医学索引（MEDLINE）以及 Ovid 全文期刊库（Journals@Ovid）等，首页如图 5-2-1 所示。本节以 BIOSIS Previews 为例，介绍 Ovid 的检索方法。

图 5-2-1　Ovid 首页

BIOSIS Previews 是世界上最大的关于生物科学的文摘索引数据库。该库主要包括 Biological Abstracts（生物学文摘）所收录期刊以及 Biological Abstracts/

RRM（生物学文摘-综述、报告、会议）所收录的会议、报告、评论、图书、专论等类型文献，其中的期刊论文来源于 100 多个国家和地区的 9000 多种期刊。学科覆盖生物学、生物化学、生物技术、植物学、医学、药理学、动物学、农业、兽医学等领域。内容偏重于基础和理论方法的研究，主要包括有关生物学、医学、农业科学的理论研究、实验室及现场的原始报告；生物科学研究中所采用的新材料、新方法、新技术和仪器设备；生物科学研究的结果和结论（包括有价值的数据），对新理论的解释和评论；有关生物学、医学、农业科学的情报理论和方法；新发现的生物属类、名称、分布情况及新名词的定义等。

5.2.2　检索方式及检索方法

BIOSIS Previews 提供 Basic Search（基本检索）、Find Citation（确定引文检索）、Search Tool（检索工具）、Search Fields（检索字段）、Advanced Ovid Search（高级检索）和 Multi-Field Search（多字段检索）6 种检索方式，如图 5-2-2 所示。

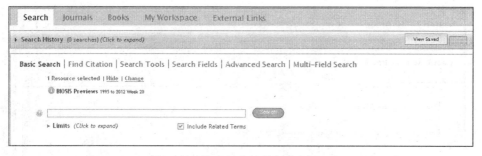

图 5-2-2　检索方式及基本检索界面

1. Basic Search（基本检索）

基本检索是默认的检索界面，在检索框内输入单个检索词、词组或短语即可检索，打开 Limits 链接，可对年代、语种、文献类型等进行限定，如图 5-2-2 所示。

2. Find Citation（确定引文检索）

点击图 5-2-2 中 Find Citation 按钮，进入确定引文检索界面，该界面提供了 7 个检索字段，其中期刊名称和作者姓名字段可使用截词检索，如图 5-2-3 所示。

图 5-2-3　确定引文检索界面

3. Search Tools（检索工具）

为系统功能设置，提供了 Map Term（系统自动转换检索词为主题词的功能），Tree（树状结构查询，可查询索引词的上、下位结构组织），Permuted Index（轮排索引，可查询与输入检索词相关的所有词），Scope Note（范围注释，可查询索引词的简单定义和应用范围）和 Explode（扩展功能，可查询索引词及下位词）5 个选项，可选择任意一个选项检索，如图 5-2-4 所示。

图 5-2-4　Search Tool 系统功能设置

4. Search Fields（检索字段）

检索字段界面如图 5-2-5 所示，如查找 ras 基因的相关信息，在检索字段中勾选 Gene Name，在检索框中输入 "ras"，如图 5-2-5 所示。

图 5-2-5　检索字段界面

5. Advanced Search（高级检索）

可选择关键词、作者、标题、期刊名任一单字段进行检索，若选择 Map term to Subject Heading，可实现检索词与主题词之间的匹配，检索界面及检索方法参见检索实例。

6. Multi-Field Search（多字段检索）

可进行多字段的组配检索，检索框之间可进行布尔逻辑组配，可对年代、语种、文献类型等进行限定，检索界面如图 5-2-6 所示。

图 5-2-6　多字段检索界面

5.2.3　检索实例

检索课题：组织工程半月板材料研究

1）制定检索策略

（1）分析课题，选检索词。

组织工程——tissue engineered；半月板——meniscus

（2）使用相关检索技术，构造检索提问式。

［tissue enginee＊ and meniscus］/ti

（3）检索要求：时间限制在 1995 年至今，其他条件不限。

2）实施检索策略

（1）登录 Ovid BIOSIS Previews 主页，打开高级检索界面。

（2）输入检索提问式，设定检索时间，如图 5-2-7 所示。

图 5-2-7　高级检索界面及检索提问式输入

（3）点击 "Search" 按钮，得检索结果，如图 5-2-8 所示。

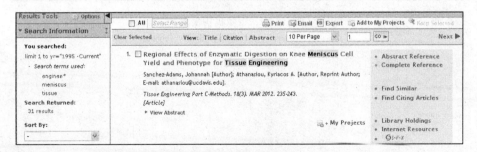

图 5-2-8　检索结果

（4）点击 View Abstract 浏览文摘信息。

3）获取全文

单击图 5-2-8 右栏的 ⊘s·ᶠ·ˣ 图标，可得馆藏机构信息，如图 5-2-9 所示。点击"四川大学馆藏外文文献"右边的 GO 按钮，得知在四川大学图书馆有纸本收藏，索取号为：631B0158-C。

图 5-2-9　馆藏机构信息

第6章 国外网络数据库信息的检索（全文型）

6.1 ScienceDirect

6.1.1 概述

ScienceDirect 是 Elsevier（荷兰爱思唯尔出版集团，http://www.elsevier.com）的核心数据库，1999 年开始提供电子出版物全文的在线服务。ScienceDirect 有 2500 多种同行评议期刊和 11000 多种系列丛书、手册及参考书等，目前数据库收录全文总数已超过 1142 万篇，涉及自然科学与工程、生命科学、健康科学、社会科学与人文科学 4 大学科领域。网址为 http://www.sciencedirect.com，任何用户均可免费检索获取文摘题录信息，订购用户可下载全文，主页如图 6-1-1 所示。

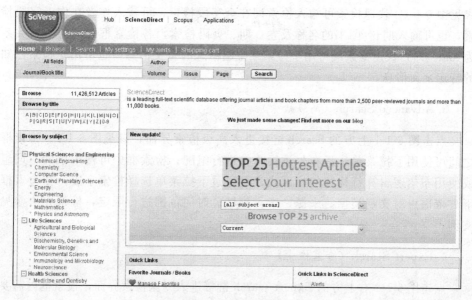

图 6-1-1 ScienceDirect 主页

6.1.2 检索方式及检索方法

ScienceDirect 提供了 Browse（浏览）、Search（快速检索）、Advanced

Search（高级检索）和 Expert Search（专家检索）4 种检索方式，参见图 6-1-1。

1. Browse（浏览）

点击 Browse（浏览）进入浏览检索界面，有 3 种浏览方式。

（1）Journals/Books Alphabetically（按期刊/图书字顺浏览）。按期刊/图书字顺列出所有的期刊和图书，刊名/书名后有关于资源订购类型和文献类型的说明，点击刊名/书名链接即可查看详情。

（2）Journals/Books by Subject（按学科主题浏览）。按 4 个大类共 24 个学科主题显示树状结构目录，可查看该学科所包含的各级子学科，直至列出最末层子学科所包含的全部刊名/书名。

（3）Favorite Journals/Books（按个人喜好浏览）。这种浏览方式需要个人用户登录系统后方可使用，届时会列出个人已保存的常用期刊/书名列表，并可对其进行个性化服务的相应操作。

2. 快速检索

在 ScienceDirect 系统的任何检索界面，快速检索始终会出现在界面的上方，参见图 6-1-1。快速检索可输入检索词在全字段检索，可输入作者在作者字段检索，也可输入期刊/图书的名称及卷、期、页码检索，各检索框之间的逻辑关系为 and。即，快速检索既可用于检索某主题概念的全文信息，也可用于检索已知的特定全文信息。

3. Advanced Search（高级检索）

点击图 6-1-1 上方的 Search 链接进入高级检索界面，参见图 6-1-2。检索框之间可使用下拉菜单选择布尔逻辑算符进行组配；检索框中可输入单词、词组或使用布尔逻辑算符构建的检索式；可通过下拉菜单选择检索字段，在检索框下方依次可对文献类型、来源、学科领域、时间范围进行限定，检索方法参见实例。

4. Expert Search（专家检索）

点击图 6-1-2 右上方的 Expert search 链接进入专家检索界面，检索框内需要输入完整的检索提问式，适用于检索词较多、逻辑组配复杂的检索，检索技术要求较高。

在快速检索、高级检索和专家检索方式中，检索词可使用无限截词符号"＊"处理，如输入 Dye＊，可检索出含有 dye、dyer、dyes 和 dyeing 的信息；如果检索词是名词，有单、复数形式，只使用单数形式，能自动检索出单、复数形式的信息，如输入 City，可检索出含有 City、City's 和 Cities 的信息；使用双引号" "，可进行精确短语检索，如："aluminum nitride composites"，表示作为一个整体检索。

图 6-1-2　高级检索界面及检索提问式输入

6.1.3　检索实例

检索课题：大气污染控制

1）制定检索策略

（1）分析课题，选择检索词。

大气污染——air pollution；控制——control

（2）使用相关检索技术，构造检索提问式。

"air pollution"/title and control/title

（3）检索要求：①来源限制在期刊，主题不限；②时间限制在 2005 年以来；③文献类型限制在论文。

2）实施检索策略

（1）登录网址 http://www.sciencedirect.com 到 ScienceDirect 主页。

（2）打开高级检索界面，输入检索提问式，根据检索要求选择检索条件，参见图 6-1-2。

（3）点击"Search"按钮，得检索结果，如图 6-1-3 所示。

图 6-1-3　检索结果

（4）可利用检索结果左侧的二次检索框输入检索词，如输入"quality"，点击"Search"按钮，可缩小检索范围，提高查准，参见图 6-1-3 左侧。

（5）点击标题或 Show preview 链接查看文摘。

（6）订购用户点击 PDF 图标可下载全文。

6.2　ProQuest Digital Dissertations

6.2.1　概述

ProQuest 学位论文全文数据库（ProQuest Digital Dissertations，PQDD）是世界上最大的硕博士论文数据库，收录了美国、加拿大和欧洲各国及世界其他国家 2000 余所大学和科研机构的博士、硕士学位论文。2002 年，由 CALIS 文理中心组织、北京中科—亚信公司独家代理，国内部分高校、学术研究单位和公共图书馆集团订购 PQDD 部分博硕士论文全文，建立了"ProQuest 学位论文全文检索平台"。该平台在国内有 3 个镜像服务站点，CALIS 本地镜像站、上海交通大学镜像站和中国科学技术信息研究所镜像站，3 个镜像站点可相互切换。网址为 http://proquest.calis.edu.cn，任何用户可免费检索和获取题录信息，订购用户可下载全文，主页如图 6-2-1 所示。

图 6-2-1　PQDD 主页

6.2.2　检索方式及检索方法

如图 6-2-1 所示，PQDD 提供基本检索、高级检索和学科导航浏览 3 种检索方式。

1. 基本检索

基本检索是默认的检索方式，检索框中可输入单词、词组或检索式进行检索，参见图 6-2-1。

2. 高级检索

点击图 6-2-1 中"高级检索"链接进入高级检索界面，如图 6-2-3 所示。检索框之间可用布尔逻辑组配，可选择字段，学科字段还可进一步再选，检索方法参见实例。

3. 学科导航浏览

学科导航浏览在基本检索界面下方，参见图 6-2-1。分为 11 个一级学科，一级学科下分二、三级学科，如点击"Applied Sciences"（应用科学）一级学科，得论文题录并进入二级学科分类、发表年度及学位类型，参见图 6-2-2。点击二级学科分类，如 Computer Science，得二级学科分类论文题录、发表年度及学位类型。

图 6-2-2　学科导航浏览结果

6.2.3　检索实例

检索课题：电力系统瞬态稳定性研究

1）制定检索策略

（1）分析课题，确定检索词。

电力系统——power system；瞬态稳定性——transient stability

（2）使用相关检索技术，构造检索提问式。

power system /ti and transient stability/ti

（3）检索要求：①学科选择应用科学；②时间不限；学位类型不限；语种不限。

2）实施检索策略

（1）登录网址 http://proquest.calis.edu.cn 到 PQDD 主页。

（2）打开高级检索方式，根据检索要求选择检索条件，输入检索提问式，如图 6-2-3 所示。

（3）点击"检索"按钮，得检索结果，如图 6-2-4 所示。

（4）点击"查看详情"可得作者、学校、学位、指导老师、学科、来源、出版日期、语言等论文题录信息，如图 6-2-5 所示；点击图 6-2-4 中"查看 PDF 全文"，订购用户可阅读或下载全文。

图 6-2-3　高级检索界面及检索提问式输入

图 6-2-4　检索结果

论文详情

Parallel algorithms for power system transient stability analysis.

出版号:952593

作者:	Wu, Jun Qiang.
学校:	Arizona State University.
学位:	Ph.D.
指导老师:	
学科:	ComputerScience.
来源:	Dissertation Abstracts International
出版日期:	1995
ISBN:	
语言:	English

图 6-2-5 论文题录

6.3 EBSCO host

6.3.1 概述

EBSCO host 是 EBSCO 公司开发的多数据库、单引擎的在线数据库检索平台,有多种 EBSCO 的全文数据库和其他著名信息提供商的数据库,涉及自然科学、社会科学、人文和艺术等学科领域。2000 年,我国通过 CALIS 中心联合引进了 EBSCO host,包括 Academic Search Premier(学术期刊数据库)、Business Source Premier(商业资源数据库)、ERIC(教育资源中心)、History Reference Center(历史资源中心)、LISTA(图书馆信息科学与技术数据库)、MEDLIN(医学索引)、Newspaper Source(报纸资源全文数据库)、Professional Development Collection(教育核心期刊全文数据库)、Regional Business News(地区商业中心)、Vocational & Career Collection(职业技术全集)等数据库,其中著名的是 Academic Source Premier(学术期刊数据库,ASP)和 Business Source Premier(商业资源数据库,BSP)。

ASP 为多学科的全文数据库,涉及几乎所有自然科学和社会科学领域,涵盖语言文学、哲学、历史、社会学、政治、经济、法律、教育、新闻、公共管理、生物科学、医学、数学、物理、化学、工程技术等学科门类,收录期刊8200 余种,最早可回溯至 1975 年。

BSP 是 EBSCO 公司最大的商业全文数据库,提供 8300 余种学术性商业期刊及其他来源的全文,涵盖国际商务、经济管理、金融、会计、银行、业务营销、商业理论与务实、房地产、产业报道等商业及其与商业相关的领域。其中,

Harvard Business Review（哈佛商业评论）回溯至 1922 年，Quarterly Journal of Economics（经济学季刊）回溯至 1886 年。

6.3.2　检索方式与检索方法

在 EBSCO host 检索平台，可选择多数据库或单数据库检索，下面以 Academic Search Premier（学术期刊数据库）为例介绍该平台的检索方式与检索方法。Academic Search Premier（学术期刊数据库）主页如图 6-3-1 所示，提供基本检索、高级检索和视觉搜索 3 种方式（点击"选择数据库"可切换数据库）。

图 6-3-1　Academic Search Premier 主页及基本检索界面

1. 基本检索

基本检索为默认的检索界面，参见图 6-3-1 上方，检索框中可输入单词、词组或使用逻辑算符构建的提问式。

2. 高级检索

高级检索界面如图 6-3-2 所示，点击"添加行"可增加检索框，检索框中可输入单词、词组或使用逻辑算符构建的提问式，检索框之间的布尔逻辑组配关系使用下拉菜单选择。可选择的字段有 17 个，包括全文、作者、题名、主题词、摘要等。检索框下方可对检索模式以及文献类型、出版时间等进行限定。

3. 视觉搜索

视觉搜索是一种创新的检索方法，主要体现在对检索结果的组织和显示有别于传统方法，特别适合于检索广泛的主题。即，系统将检索结果以视觉导航图的方式显示，按主题类别进行排列，点击某一分类可浏览其下一级分类及其对应的记录，点击某条记录界面右边会显示其题录信息，点击题录信息下方的 more 链接可打开该记录的独立页面，可进行阅读、下载、保存等操作。

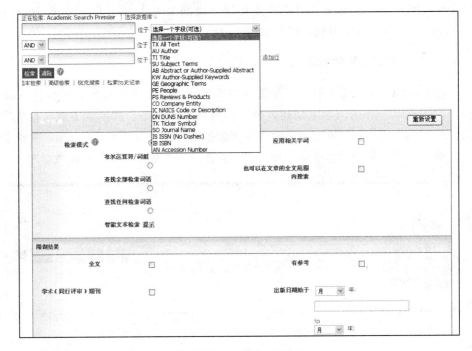

图 6-3-2　高级检索界面

6.3.3　检索实例

检索课题：纳米氮化钛复合材料的制备

1）制定检索策略

（1）分析课题，选择检索词。

氮化钛——titanium nitride（TiN）；纳米——nano；

复合材料——composite；制备——preparation；

合成——synthesis

（2）使用相关检索技术，构造检索提问式。

（titanium nitride or TiN）and nano＊and composite and（preparation or synthesis）/ti

2）实施检索策略

（1）登录 Academic Search Premier（学术期刊数据库）主页。

（2）打开高级检索界面，输入检索提问式，参见图 6-3-3 上方。

（3）点击"检索"按钮，得检索结果，参见图 6-3-3 下方。

（4）点击放大镜图标或题名，阅读文摘。

（5）点击 Full Text From ScieneDirect 链接可阅读或下载全文。

图 6-3-3　检索提问式输入及检索结果

6.4　ACS Publications

6.4.1　概述

ACS Publications 是世界上权威的科技信息来源之一，提供 40 余种期刊的全文，涵盖生化研究方法、药物化学、有机化学、普通化学、环境科学、材料学、植物学、毒物学、食品科学、物理化学、环境工程学、工程化学、应用化学、分子生物化学、分析化学、无机与原子能化学等 24 个主要的学科领域。ACS Publications 除具有一般的检索、浏览等功能外，还可在第一时间内查阅被作者授权发布、尚未正式出版的最新文章（Articles ASAPsm）。网址为 http://pubs. acs. org，任何用户均可免费检索获取该数据库的文摘题录信息，订购用户可以下载全文，主页如图 6-4-1 所示。

图 6-4-1　ACS Publications 主页

6.4.2　检索方式及检索方法

ACS 提供了 Publications A-Z（出版物浏览）、Search（快速检索）、Cation（引文检索）、DOI（标识符检索）、Subject Search（主题分类检索）及 Advanced Search（高级检索）6 种检索方式，其中常用的为出版物浏览、快速检索和高级检索方式，参见图 6-4-1 右上方。

1. Publications A-Z（出版物浏览）

按刊名字母顺序列出所有期刊，以 ACS catalysis 为例，点击刊名链接进入该刊主页，如图 6-4-2 所示。在期刊主页可以查看到 Articles ASAP（先于印刷版发表的网络版文章）、Current Issue（最新一期印刷版期刊的目次）、Most Read（被阅读最多文章）、Most Cited（被引用最多的文章）等信息。

2. Quick Search（快速检索）

快速检索框中可输入单词、词组或使用逻辑算符构建的检索式，可对标题、作者、文摘字段进行限制检索，参见图 6-4-1 右上方。

3. Advanced Search（高级检索）

点击图 6-4-1 右上方的 Advanced Search 链接进入高级检索界面，如图 6-4-3 所示，左边是检索区，有 5 个字段检索框，分别为全文、标题、作者、文摘和图表说明，检索框中可输入单词、词组或使用逻辑算符构建的检索式，检索框之间默认为布尔逻辑与关系，可对时间进行限定。

图 6-4-2　ACS catalysis 期刊主页

6.4.3　检索实例

检索课题：高分子纳米复合材料

1）制定检索策略

（1）分析课题，选择检索词。

高分子——polymer；纳米复合材料——nanocomposites

(2) 使用相关检索技术，构造检索提问式。

polymer/ti and nanocomposites/ti

(3) 检索要求：时间限制在 2009 年以来。

2）实施检索策略

(1) 登录网址 http://pubs. acs. org 到 ACS Publications 主页，打开高级检索界面。

(2) 在检索字段为 Title（标题）的检索框中输入检索提问式，如图 6-4-3 所示。

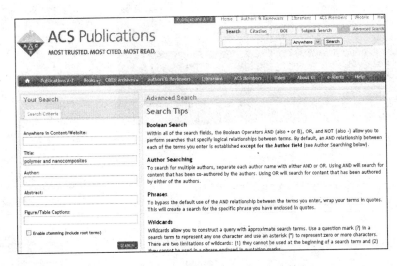

图 6-4-3　ACS 高级检索界面及检索式输入

(3) 点击 "Search" 按钮，得检索结果，如图 6-4-4 所示。

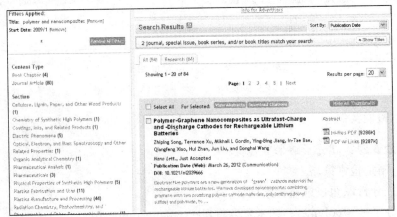

图 6-4-4　检索结果

（4）点击 "Abstract" 阅读文摘。

（5）点击 PDF 全文链接图标，订购用户可下载全文。

6.5　IEEE/IET Electronics Library

6.5.1　概述

IEEE/IET Electronics Library（IEL），主要包括 IEEE（Institute of Electrical and Electronics Engineers，美国电气电子工程师协会）和 IET（The Institution of Engineering and Technology，英国工程技术学会）出版的期刊、会议录、标准等全文信息，采用 IEEE Xplore 平台提供服务，每周更新。IEL 的数据最早可回溯到 1913 年，一般提供 1988 年以后的全文，部分期刊可阅览其预印本全文。网址为 http://ieeexplore.ieee.org，任何用户均可免费检索获取该数据库的文摘题录信息，订购用户可以下载全文。IEL 主页如图 6-5-1 所示。

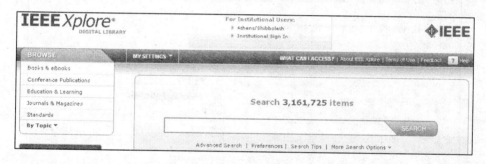

图 6-5-1　IEL 主页

6.5.2　检索方式与检索方法

IEL 提供了 Browse（浏览）、Search（基本检索）和 Advanced（高级检索）3 种检索方式。

1. Browse（浏览）

浏览方式按照文献类型又分为 Books & eBooks（图书浏览）、Conference Proceedings（会议录浏览）、Education & Learning（教育与学习资源浏览）、Journals & Magazines（期刊与杂志浏览）、Standards（标准浏览）与 By Topic（按主题浏览）6 种。

2. Search（基本检索）

Search（基本检索）界面如图 6-5-1 所示，是默认的检索界面，可输入单词、词组或使用逻辑算符构建的检索式，在所有字段中检索。

3. Advanced Search（高级检索）

包括关键词或短语检索、专业检索和出版物快速检索。关键词或短语检索为常用检索方式，检索框之间可使用布尔逻辑组配，检索框内可输入单个检索词或短语，提供了题名、作者、出版物名称、文摘、索引词（Terms）、作者工作单位、登记号、作者关键词、INSPEC 控制词或非控制词、IEEE 词、专利号等 24 个检索字段，检索界面如图 6-5-2 所示。

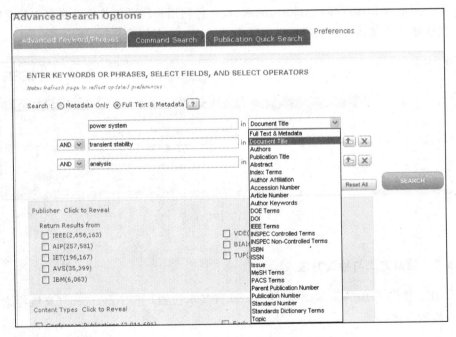

图 6-5-2　高级检索界面及检索提问式输入

6.5.3　检索实例

检索课题： 电力系统瞬态稳定性分析

1）制定检索策略

（1）分析课题，选择检索词。

电力系统——power system；瞬态稳定性——transient stability；

分析——analysis

（2）使用相关检索技术，构造检索提问式。

［power system and transient stability and analysis］/ti

2）实施检索策略

（1）登录网址 http://ieeexplore.ieee.org 到 IEL 主页，打开高级检索界面，输入检索提问式，参见图 6-5-2。

（2）点击"SEARCH"按钮，得检索结果，如图 6-5-3 所示。

（3）点击 Quick Abstract 链接，阅读文摘，如图 6-5-3 所示。

（4）点击 PDF 链接，订购用户可阅读、下载全文，如图 6-5-3 所示。

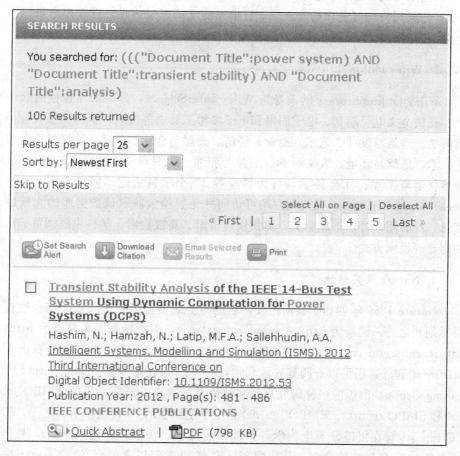

图 6-5-3　检索结果

6.6　其他全文数据库选介

1. SpringerLink

SpringerLink 是 Springer 于 1996 年推出的一个电子出版物在线服务平台，2004 年与荷兰 Kluwer Academic Publisher 合并，学科涵盖建筑和设计、行为科学、生物医学和生命科学、商业和经济、化学和材料科学、计算机科学、地球和环境科学、工程学、人文社科和法律、数学和统计学、医学、物理和天文学、计算机职业技术与专业计算机应用等 13 个大类。网址为 http://www.springerlink.com，任何用户均可免费检索获取该数据库的文摘题录信息，订购用户可以下载全文，提供快速检索、高级检索两种检索方式。

2. Wiley Online Library

Wiley Online Library 的前身为 Wiley InterScience，是一个综合性的服务平台，提供全文电子期刊、电子图书和电子参考工具书等检索。学科涵盖农业与食品科学、建筑与设计、艺术、商业、经济、金融与会计、化学、计算机科学与信息技术、地球与环境、人文科学、法律与犯罪、生命科学、数学与统计、医学、自然科学与工程、社会科学与行为科学等 17 个学科主题。网址为 http://onlinelibrary.wiley.com，任何用户均可访问并免费检索获取该数据库的文摘题录信息，订购用户可以下载全文，提供快速检索、高级检索、学科主题浏览、出版物浏览等检索方式。

3. Nature 及其姊妹刊

Nature 1869 年创刊于英国伦敦，是世界上最负盛名和最权威的综合性自然科学期刊之一，网址为 http://www.nature.com，国内镜像服务站点为 http://nature.calis.edu.cn。目前，国内用户除可以访问自 1997 年 6 月至最新出版的 Nature 周刊外，还可以查阅其姊妹刊物，即 Nature 出版集团（The Nature Publishing Group）出版的多种研究月刊和评论月刊，以及最新引进的 EMBO Journal 和 EMBO reports。EMBO Journal 是分子生物学的 10 种顶极期刊之一，EMBO reports 旨在报道分子生物学各个领域的短讯、快报和评论。Nature 期刊可检索自 1987 年以来的全文，其他期刊可检索 1997 年以来的全文。Naturer 提供简单检索与高级检索方式，国内镜像提供期刊浏览、简单查询和复杂查询等检索方式。

4. AIP 电子期刊

AIP（American Institute of Physics，美国物理联合会）成立于 1931 年，主要提供物理学、天文学文献的出版、交流与教育服务。作为一家历史悠久享誉世界的科学出版社，AIP 及其会员的出版物占据了全球物理学界研究文献 1/4 以上的内容，包含一般物理学、应用物理学、化学物理学、地球物理学、医疗物理学、核物理学、天文学、电子学、工程学、设备科学、材料科学、数学、光学、真空科学、声学等。对全世界的图书馆及机构而言，AIP 及其会员的期刊已成为物理学相关文献的核心。AIP 出版的期刊、杂志、会议录，通过 Scitation 平台为成员学会和相关学会提供电子版文献发行与检索服务，数据回溯至 1930 年。目前 Scitation 平台收录了 32 个出版社近 200 种科技期刊，任何 Scitation 平台出版物订购用户都可以使用该平台浏览和检索功能以及个性化服务。Scitation 平台的网址为 http://scitation.aip.org，任何用户均可访问并免费检索获取该数据库的文摘题录信息，订购用户可以下载全文。Scitation 平台提供期刊浏览和快速检索、标准检索、高级检索 3 种检索方式。

5. APS 电子期刊

APS（American Physical Society，美国物理学会）成立于 1899 年，致力于发展与传播物理学知识，是世界上最具声望的物理学专业学会之一。APS 所出版的物理评论系列期刊为物理学各专业领域最受重视的期刊，数据最早回溯至 1893 年，网址为 http://www.aps.org，提供快速检索与高级检索方式，任何用户均可访问并免费检索获取该数据库的文摘题录信息，订购用户可以下载全文。APS 电子期刊还可通过物理评论在线存储库（Physical Review Online Archive，PROLA）检索，PROLA 的网址为 http://prola.aps.org，提供期刊浏览和论文检索 2 种方式。

6. IOP 电子期刊

IOP（Institute of Physics，英国物理学会）成立于 1874 年，其英国皇家物理学会出版社（Institute of Physics Publishing，IoPP）是英国物理学会的重要组成部分，是全球最大的物理及相关学科的信息传播机构之一，出版物包括著名的 Journal of Physics 系列在内的 30 多种学报、几百种书籍和各种参考文献。通过访问 IOP 的电子期刊主网站可以查询到从 1873 年至今的 IOP 出版物，网址为 http://journals.iop.org，任何用户均可访问并免费检索获取该数据库的文摘题录信息，订购用户可以下载全文。目前国内由中国高等教育文献保障系统提供镜像服务站点，网址为 http://iop.calis.edu.cn。

第7章 专利及其专利信息的检索

7.1 专利及专利信息概述

7.1.1 知识产权与专利权

1. 知识产权的类型及法律特征

知识产权（Intellectual Property）指在法律上确认和保护人们在科学、技术、文学、艺术领域中从事智力活动而创造的精神财富所享有的权利，是法律赋予权利人对其智力创造成果所享有的某种专有权，可分为工业产权和版权两大类。工业产权包括：专利权、商标权、名称标记权、禁止不正当竞争权等；版权包括：文学和艺术作品、计算机软件和数据库等。

知识产权具有3种明显的法律特征：

（1）独占性。指拥有该项权利的人对其智力成果、经营管理活动中的标志、信誉享有的独占权，其他任何人未经权利人的同意或未在法律规定的情况下不得行使其权利。

（2）时间性。指知识产权只在法律规定的期限内受到保护。各国法律对知识产权分别规定了一定期限，期满后权利自动终止，即该知识产权所涉及的智力成果、经营管理活动中的标志、信誉就成为社会的共同财富，任何人都可以自由地、无偿地使用。

（3）地域性。指在没有其他条约存在的情况下，其知识产权的效力仅限于产生国的领土范围。即经一国法律确认的知识产权，仅在该国管辖范围内得到保护，其他任何国家、任何地区的任何人在该国外使用该知识产权都无需得到权利人的许可和支付使用费。权利人要想得到其他国家的法律保护，就必须向其他国家提出申请并获得批准。

2. 专利权及法律特征

专利权（Patent Right）简称专利，是指一项发明创造，由申请人向国家专利主管部门提出申请，经依法审查合格后，授予申请人在规定的时间内对该项发明创造享有的专有权。从知识产权的角度，专利应同时包括以下3方面的含义：

（1）依法在一定时期内授予发明创造者或者其权利继受者独占使用其发明创造的权利，即专利权。

（2）指受到专利法保护的发明创造，即专利技术，是受国家认可并在公开的基础上进行法律保护的专有技术。

（3）指记载着发明创造技术内容和受专利法保护技术范围的专利说明书。

专利权是属知识产权保护的对象，具有 4 种明显的法律特征：

（1）排他性。专利权是一种专有权，这种权利具有独占的排他性，表现为必须依法征得专利权人的同意或许可才能使用其专利技术。

（2）时间性。专利权的法律保护具有时间性，指在一定期限内有效，即在法律规定的专利期限届满后，专利权就自行终止，该发明创造归社会所有，任何人都可自由使用、制造和销售。

（3）地域性。专利权是一种有区域范围限制的权利，是指一个国家颁发的专利权，仅在该国境内有效，对其他国家没有任何约束力，如果需要在其他国家获得保护，就必须向其他国家申请。

（4）优先权。优先权是指专利申请人就其发明创造第一次在某国提出专利申请后，在法定期限内，又就相同主题的发明创造提出专利申请，其在后申请以第一次专利申请的日期作为其申请日，专利申请人依法享有的这种权利，即为优先权。以我国专利法为例，优先权可分为本国优先权和外国优先权。

① 本国优先权指专利申请人就相同主题的发明或者实用新型在国内第一次提出专利申请之日起 12 个月内，又向国内提出专利申请的，可以享有优先权。在我国优先权制度中不包括外观设计专利。

② 外国优先权指申请人自发明或者实用新型在外国第一次提出专利申请之日起 12 个月内，或者自外观设计在外国第一次提出专利申请之日起 6 个月内，又在中国就相同主题提出专利申请的，依照该外国同中国签订的协议或者共同参加的国际条约，或者依照相互承认优先权的原则，可以享有优先权，以其在外国第一次提出专利申请之日为申请日，该申请日即为优先权日。

7.1.2 专利的种类

专利种类的划分，各国专利法的规定不尽相同，我国专利法中规定的专利种类有 3 种。

1. 发明专利

发明是利用自然法则在技术上的创造。我国专利法规定的发明是指对产品、方法及其改进所提出的新的技术方案，保护期为 20 年，包括产品发明、方法发明两大类。

（1）产品发明。是指通过研究开发出来的关于各种新产品、新材料、新物质等的技术方案。产品可以是一个独立、完整的产品，也可以是一个设备或仪器中的零部件。主要包括：制造品，如机器、设备；各种材料，如化学物质、组合物等，例如，一种生物材料和组织工程材料（ZL01129618.6）。产品发明获得专利权后，称为产品专利。产品专利只保护产品本身，不保护该产品的制造方法。

（2）方法发明。是指把一种物品或者物质改变成另一种状态或另一种物品或物质所利用的手段和步骤的技术方案。方法可以是由一系列步骤构成的一个完整过程，也可以是一个步骤。主要包括：制造特定产品的方法、测量方法、分析方法、通信方法等，例如，一种用淀粉制备酚醛树脂的方法（ZL200710178709.0）。方法发明获得专利权后，称为方法专利。方法专利的保护延及到进口或者在我国境内使用或者销售的用该方法直接获得的产品。

2. 实用新型专利

实用新型专利又称小发明或小专利。实用新型与发明的不同之处在于：一是实用新型只限于具有一定形状的产品，不能是一种方法，也不能是没有固定形状的产品；二是对实用新型的创造性要求不太高。我国专利法规定的实用新型指对产品形状、构造或者其结合所提出的适于实用的新的技术方案，相对于发明专利，其创造性水平较低，保护期为 10 年，包括产品形状与产品构造两大类。

（1）产品形状。指对产品的三维形态的空间外形所提出的技术方案，例如一种圆形凸轮传动装置（ZL200920157082.5）；也可以是对产品的二维形态所提出的技术方案，例如塑钢窗用型材断面结构（ZL02212561.2）。

（2）产品构造。指对产品的各个组成部分的安排、组织和相互关系。可以是机械构造，例如一种水果分级筛选机（200520081227.X），也可以是线路构造，例如可驱动复数同步整流的线路构造（ZL200720126527.4）。

3. 外观设计专利

外观设计专利与发明或实用新型完全不同，是针对产品形状的外观美感，不涉及技术效果而进行的设计。我国专利法所规定的外观设计专利指对产品、图案、色彩及其结合所做出的富有美感，并适于工业上应用的新设计，保护期为 10 年。包括产品的形状，产品的图案，产品的形状和图案，产品的形状和色彩，产品的图案和色彩，产品的形状、图案和色彩。例如，酒店建筑（光电瀑布）（ZL200930290104.0）。

7.1.3 专利的申请、审查和授权

1. 申请条件

世界上绝大多数国家申请专利的条件大致相同。我国专利法规定，一项发明创造要想获得专利权，必须具备新颖性、创造性和实用性。

（1）新颖性。是指在申请日以前没有同样的发明或者实用新型在国内外出版物上公开发表过、在国内公开使用过或者以其他方式为公众所知，也没有同样的发明或者实用新型由他人向专利主管部门提出过申请并且记载在申请日以后公布的专利申请文件中。出版物指各种印刷的、打字的纸件，例如专利文件、著作、学术论文、正式公布的会议记录或者技术报告、报纸等，还包括采用其他方法制成的各种有形载体，例如采用电、光、照相等方法制成的各种缩微胶片、影片、照相底片、磁带、唱片、光盘等。

（2）创造性。是指同申请日以前已有的技术相比，该发明有突出的实质性特点和显著的进步，该实用新型有实质性特点和进步。发明有突出的实质性特点，是指发明相对于现有技术，对所属技术领域的技术人员来说，是非显而易见的。如果发明是其所属技术领域的技术人员在现有技术的基础上通过逻辑分析、推理或者有限的试验可以得到的，则该发明是显而易见的，也就不具备突出的实质性特点。发明有显著的进步，是指发明与最接近的现有技术相比能够产生有益的技术效果，比如，发明克服了现有技术中存在的缺点和不足，或者为解决某一技术问题提供了一种不同构思的技术方案，或者代表了某种新的技术发展趋势。

（3）实用性。是指该发明或者实用新型能够制造或者使用，并且能够产生积极效果。这里说的能够制造或使用是指必须能够在产业上制造或者使用。换言之，如果申请的是一种产品（包括发明和实用新型），那么该产品必须在产业中能够制造；如果申请的是一种方法（仅限发明），那么这种方法必须在产业中能够使用，并且能够解决技术问题。只有满足上述条件的产品或者方法，专利申请才可能被授予专利权。能够产生积极效果，是指发明或者实用新型专利申请在提出申请之日，其产生的经济、技术和社会的效果是所属技术领域的技术人员可以预料到的，而这些效果应当是积极的和有益的。

2. 申请文件、审查与授权

各国专利法规定，对专利要经过申请、审查、批准和公布等程序。

1）申请文件

申请发明或者实用新型专利，应提交请求书、说明书及其摘要、说明书附图和权利要求书等文件。

（1）请求书。是确定发明或者实用新型专利申请的依据，应写明发明或者实用新型的名称、发明人的姓名、申请人姓名或者名称、地址，以及其他事项。

（2）说明书及其摘要。说明书应对发明或者实用新型作出清楚、完整的说明，以所属技术领域的技术人员能够实现为准；摘要应简要说明发明或者实用新型的技术要点。

（3）说明书附图。是实用新型专利申请的必要文件，发明专利申请如为产品应提交附图。附图应当使用绘图工具和黑色墨水绘制，不得涂改或易被涂擦。

（4）权利要求书。应以说明书为依据，说明发明或者实用新型的技术特征，清楚、简要地限定要求专利保护的范围。

申请外观设计专利的，应提交请求书以及该外观设计的图片或者照片等文件，提交的有关图片或者照片应清楚地显示要求专利保护产品的外观设计，应写明使用该外观设计的产品及其所属的类别。

2）审查与授权

目前，世界各国专利的审查制度分形式审查制、实质性审查制和早期公开延迟审查制 3 种。

（1）发明专利申请的审查与授权。我国的发明专利申请的审查采用早期公开延迟审查制，这种审查制能及早公布专利技术，可及时地获得专利信息，有利于技术发展，并避免了专利申请的积压现象，但审查时间较长，专利说明书从申请到批准公布需要出版若干次。其审查程序如下：

① 受理。符合受理条件的，专利局将确定申请日，给予申请号，并且核实文件清单后，发出受理通知书，通知申请人。

② 形式审查。对符合受理条件的专利申请先做形式审查，审查内容主要包括是否属于《专利法》中不授予专利权的范围，是否明显缺乏技术内容不能构成技术方案，申请文件是否齐备及格式是否符合要求，若是外国申请人还要进行资格审查及申请手续审查。形式审查不合格的，专利局将通知申请人在规定的期限内补正或陈述，逾期不答复的，申请将被视为撤回。经答复仍不合格的，予以驳回。

③ 公布。经形式审查认为符合专利法要求的，自申请日起满 18 个月，即行即公布专利申请说明书（也可以根据申请人的请求早日公布其申请），申请人获得专利申请临时保护的权利。

④ 实质审查。发明专利申请公布以后，自申请日起 3 年内，国家专利局可以根据申请人随时提出的请求，对其申请进行实质审查（即新颖性、创造性和实用性审查）。经审查认为不符合专利法规定的，将通知申请人在指定的期限内陈述意见或进行修改，无正当理由逾期不答复的，该申请被视为撤回，经多次答复申请仍不符合专利法规定的，予以驳回。申请人无正当理由逾期不请求实质审查的，该申请即被视为撤回。

⑤ 授权。发明专利申请经实质审查没有发现驳回理由的，由国家专利局做出授予发明专利权的决定，发给发明专利证书，同时予以登记和公告。发明专利权自公告之日起生效。

（2）实用新型、外观设计专利审查与授权。我国的实用新型专利和外观设计专利申请采用的是形式审查制（也称登记制），经形式审查没有发现驳回理由的，由国家专利局做出授予实用新型专利权或者外观设计专利权的决定，发给相应的专利证书，同时予以登记和公告。实用新型专利权和外观设计专利权自公告之日起生效。

7.1.4　专利信息的类型和特点

1. 专利信息的类型

专利信息从狭义上分，主要指专利说明书；从广义上分还包括专利公报、专利分类表等。专利说明书的种类与各国专利法密切相关，一般分为以下 3 种：

（1）发明专利说明书。是各国专利信息的主体，由扉页、发明内容和附图（必要时）3 部分组成。扉页上记录有技术、法律和经济方面的信息，其著录格式采用国际标准 INID 码。发明内容包括权利要求书、说明书。权利要求书是确定发明创造专利权范围的依据，具有直接的法律效力；说明书是清楚、完整描述发明创造技术内容的文件，各国对说明书描述发明创造技术的规定大体相同。附图是补充说明书文字部分的文件，说明书有附图的，应对各幅附图做简略说明。

（2）实用新型专利说明书。由扉页、发明内容和附图（必须）3 部分组成。我国专利法实施细则规定，实用新型专利申请说明书应当有表示要求保护的产品的形状、构造或者其结合的附图。

（3）外观设计专利。外观设计专利一般没有发明内容和权利要求，只是外观设计产品的若干图片或照片。

2. 专利信息的特点

专利信息具有内容新颖、广泛，反映新技术快、可靠性强，撰写格式规范统一、文体结构标准、文字严谨、分类体系统一的特点，最显著的特点是将技术信息、法律信息和经济信息融为一体。

（1）技术信息。专利信息详细记载解决某项课题的最新技术方案，其技术信息主要见之于专利名称、分类、权利要求、摘要、全文或附图之中，可供了解世界上的新技术，人们利用它可为解决技术难题提供参考，进行技术预测，开发新技术领域；也可由此触发灵感，启发人们进行新的发明创造。

（2）法律信息。专利信息也是一种法律性文件，其法律信息可从以下几方面显示出来：①权利要求书是申请人请求保护的技术范围，可根据权利要求判断专利权是否受到侵犯或侵犯他人权利；②专利申请日期是取得临时保护的依据，从申请日起，说明书公布的技术内容，法律上将给予临时保护，可根据各国对专利权保护期不同的规定，判断专利权是否有效；③优先权日期可了解某发明的原始国和向多国申请专利的情况。

（3）经济信息。专利信息中的经济信息可从以下几方面显示出来：①同族专利的数量是一种重要的经济信息，它反映了某专利技术在世界范围的覆盖面、技术市场和经济地位；②专利权人，通过专利权人，可了解某一专门领域活跃的企业和技术水平，有助于估计未来的技术、经济和市场范围的竞争；③有效期及实施情况，通过专利技术有效期及实施情况，可从中综合分析竞争对手的技术实力、投资规模、市场销售等。

7.1.5　专利分类表

目前，国际上通用的专利分类表是《国际专利分类表》和《国际外观设计分类表》。

1. 国际专利分类表（第八版）

1）概况

《国际专利分类表》（International Patent Classification，IPC）于 1968 年 9 月 1 日公布第 1 版，每 5 年修订一次，到 2006 年已公布实施第八版。《IPC》采用功能和应用相结合的分类原则，按发明的技术主题设置类目，对统一专利的技术内容，为专利信息的分类、检索和利用提供了极大的方便，已成为世界各国分类和检索专利信息的重要工具。

2）分类体系

《IPC》以等级结构的形式将技术内容按部、分部、大类、小类、大组、小组逐级分类，组成一个完整的分类体系。《IPC》设有 8 个部、22 个分部，8 个部的类号用大写字母 A～H 表示，分部无类号。部和分部的类名包括了申请发明专利的全部技术领域，类号和类名如下。

A 部——人类生活必需

　　分部：1. 农业　2. 食品与烟草　3. 个人或家用物品　4. 保健；娱乐

B 部——作业；运输

　　分部：1. 分离；混合　2. 成型　3. 印刷　4. 交通运输　5. 微观结构技术；超微技术

C 部——化学；冶金

　　分部：1. 化学　2. 冶金　3. 组合技术

D 部——纺织；造纸

　　分部：1. 纺织或未列入其他类的柔性材料　2. 造纸

E 部——固定建筑物

　　分部：1. 建筑　2. 土层或岩石的钻进；采矿

F 部——机械工程；照明；加热；武器；爆破

分部：1. 发动机或泵　2. 一般工程　3. 照明；加热　4. 武器；爆破

G 部——物理

分部：1. 仪器　2. 核子学

H 部——电学

2. 国际外观设计分类表（第九版）

《国际外观设计分类表》（International Classification for Industrial Designs），用于外观设计专利的分类与检索，第九版于 2009 年 1 月 1 日正式实施，包括 32 个大类和 219 个小类。大类号和小类号用两位阿拉伯数字表示，大类的类名概括规定了该类产品的领域，例如，21-02 健腹轮，21 是大类类号，类名是游戏器具、玩具、帐篷和体育用品。

7.2　中国专利信息及其检索

7.2.1　概述

中国自 1985 年 4 月 1 日颁布实施《专利法》以来已经历了 3 次修订，目前，中国专利信息的主体是发明专利说明书（包括申请公开说明书和授权说明书）、实用新型专利说明书及其题录与文摘，外观设计专利的题录及其有关附图，其次是各种专利公报与索引。

1. 中国专利说明书的种类

1）1985 年至 1992 年说明书的种类

- 发明专利申请公开说明书——经形式审查后出版
- 发明专利申请审定说明书——经实质审查后但尚未授权时出版
- 实用新型专利申请说明书——经形式审查后出版
- 外观设计申请公告——经形式审查后，只在专利公报上公告

2）1993 年以来说明书的种类

- 发明专利申请公开说明书——经形式审查后出版
- 发明专利说明书——经实质审查合格授权时出版，取代发明专利申请审定说明书
- 实用新型专利说明书——经形式审查合格授权时出版，取代实用新型专利申请说明书
- 外观设计授权公告——经形式审查合格即可授权，在外观设计公报上公告

2. 中国专利申请号、说明书及专利号的编号体系

1985 年中国实行专利制度以来，中国专利申请号、说明书及专利号的编号体系经历了 4 个阶段，各阶段编号详见表 7-2-1～表 7-2-4。

表 7-2-1　1985～1988 年编号体系（第一阶段）

专利类型	申请号	公开号	公告号	审定号	专利号
发明	88101718	CN88101718A		CN88101718B	ZL 88101718
实用新型	88203725		CN88203725U		ZL88203725
外观设计	88300707		CN88300707S		ZL88300707

表 7-2-2　1989～1992 年编号体系（第二阶段）

专利类型	申请号	公开号	公告号	审定号	专利号
发明	89108107.0	CN1041244A		CN1012778B	ZL89108107.0
实用新型	89216381.X		CN2061740U		ZL89216381.X
外观设计	89300359.X		CN3004865S		ZL89300635.1

表 7-2-3　1993～2004 年 6 月 30 日编号体系（第三阶段）

专利类型	申请号	公开号	授权公告号	专利号
发明	99806204.9	CN1301411A	CN1160827C	ZL99806204.9
指定中国发明专利的 PCT 国际申请	01807988.1	CN1422139A	CN1217629C	ZL01807988.1
实用新型	99214231.8		CN2380334Y	ZL99214231.8
指定中国实用新型专利的 PCT 国际申请	98900003.6		CN2565242Y	ZL98900003.6
外观设计	02344550.5		CN3294516D	ZL02344550.5

表 7-2-4　2004 年 7 月 1 日以来编号体系（第四阶段）

专利类型	申请号	公开号	授权公告号	专利号
发明	200710147468.3	CN101139383A	CN101139383B	ZL200710147468.3
指定中国发明专利的 PCT 国际申请	200480020150.3	CN1823532A	CN1823532B	ZL200480020150.3
实用新型	200920218597.1		CN201529178U	ZL200920218597.1
指定中国实用新型专利的 PCT 国际申请	200990100216.8		CN201989420U	ZL200990100216.8
外观设计	200930290104.0		CN301493411S	ZL200930290104.0

注：表 7-2-1～表 7-2-4 中的公开号、公告号、审定号、授权公告号为专利说明书编号。

7.2.2　国家知识产权局专利数据库

国家知识产权局专利数据库可检索 1985 年 9 月 10 日以来中国公布的发明、实用新型和外观设计 3 种专利的题录及摘要，并可浏览、下载和打印各种说明书全文及外观设计图形，是国内唯一免费提供专利说明书全文的系统。所提供的说明书为 TIF 格式文件，使用时必须安装专用浏览器方可在线浏览或下载专利说明书。网址为 www.sipo.gov.cn。

1. 检索方式与检索方法

国家知识产权局专利数据库提供了初级检索、高级检索、IPC 分类检索和法律状态检索 4 种检索方式。

1）初级检索

位于国家知识产权局主页右侧，有 9 个可检字段，只能实现单一字段检索，如图 7-2-1 所示。字段内可使用布尔检索技术，算符用"＊"、"＋"、"－"；模糊检索技术，算符用"?"、"%"，如图 7-2-2 所示。

图 7-2-1　初级检索界面及可检字段

图 7-2-2　布尔检索与模糊检索

2）高级检索

单击初级检索界面的"高级搜索"按钮即可进入高级检索界面，参见图 7-2-3。高级检索为字段检索方式，提供了 16 个可检字段，各检索字段之间使用的检索技术固定为布尔逻辑与（and）的关系。在检索字段内，可使用的检索技术与算符为：

（1）名称、摘要字段。可使用布尔检索技术，算符用"and"、"or"、"not"表示。

（2）分类号、主分类号、申请/专利权人、发明/设计人、代理人、专利代理机构、申请/专利号、公开/公告号、优先权、地址字段。可使用模糊检索技术，算符用"?"、"％"表示，"?"代替单个字符，％代替多个字符。

高级检索方法参见检索实例。

3）IPC 分类检索

单击高级检索界面右侧上方的"IPC 分类检索"链接进入分类检索界面，参见图 7-2-3。由国际专利分类表 8 个部的类号、类名和高级检索界面组成，可实现对国际专利分类的类名与 16 个可检字段的组配检索，单击任意一个部号及类名，会逐级展开该部下的细分类号与类名，分类号自动弹入高级检索界面的分类号字段中。单击"检索"按钮，即可得到满足该分类号的发明和实用新型专利的检索结果。

4）法律状态检索

提供 1985 年至今公告的中国专利法律状态信息，主要包括：实质审查请求的生效、授权、专利权的无效宣告，专利权的终止，权利的恢复，专利申请权、专利权的转移等。在国家知识产权局首页及检索结果页面均有供检索法律状态的链接，检索方法参见检索实例。

2. 检索实例

检索课题：2004～2012 年有关模式识别与神经网络研究的技术与方法

1）编制检索策略

（1）分析课题，选择检索词。

模式识别；神经网络

图 7-2-3　高级检索界面及检索提问式输入

（2）使用相关检索技术，构造检索提问式。

［模式识别 and 神经网络］/名称 and ［2004 to 2012］/申请日

2）实施检索策略

（1）登录网址 www. sipo. gov. cn 到国家知识产权局主页，选择、打开高级检索界面。

（2）在名称字段与申请日字段输入检索提问式，如图 7-2-3 所示。

（3）点击图 7-2-3 中的"检索"按钮，得检索结果，如图 7-2-4 所示。

图 7-2-4　检索结果

（4）点击检索结果第 1 条题录，得文摘，如图 7-2-5 所示。

图 7-2-5　文摘

（5）点击"申请公开说明书"可阅读申请说明书全文，点击"审定授权说明书"可阅读专利说明书的全文。该专利说明书全文的扉页如图 7-2-6 所示。

图 7-2-6　发明专利说明书扉页

3）法律状态检索

点击图 7-2-4 左侧的"法律状态查询"链接，进入法律状态检索界面。输入上例的专利号或申请号，如图 7-2-7 所示。点击"确定"按钮，法律状态检索结果如图 7-2-8 所示。从结果可知，截至 2012 年 5 月 6 日（检索日期），该专利还处于授权保护期。

法律状态检索			
申请（专利）号	200410037965.4	例：91231422	
法律状态公告日		例：2003.1.22	
法律状态		例：授权	

确定　　清除

图 7-2-7　法律状态检索界面

申请（专利）号	200410037965.4	授权公告号	1331092
法律状态公告日	2007.08.08	法律状态类型	授权
授权			

申请（专利）号	200410037965.4	授权公告号	
法律状态公告日	2006.01.18	法律状态类型	实质审查的生效
实质审查的生效			

申请（专利）号	200410037965.4	授权公告号	
法律状态公告日	2005.11.23	法律状态类型	公开
公开			

图 7-2-8　法律状态检索结果

7.3　美国专利信息及其检索

7.3.1　概述

美国自 1790 年实行专利制度后，200 多年来对专利法进行了多次修订，其中最重大的变化是 1999 年对其专利法进行的修改，将延续了 200 多年的专利实审制改为早期公开、延迟审查制，于 2000 年 3 月 29 日生效。目前出版的专利信息主要有以下几种：

（1）发明专利申请公开（United States Patent Application）。2001 年 3 月 15 日开始出版。

（2）发明专利说明书（United States Patent）。经实质审查授予专利权时出版的专利说明书，占美国专利信息总量的 95% 以上，自 1790 年开始出版。

（3）植物专利申请公开（United States Patent Application）。自 2001 年 3 月 15 日开始出版。

（4）植物专利说明书（United States Plant Patent）。自 1930 年起开始出版。

（5）设计专利（Design Patent）。经实质审查授予专利权时出版的外观设计专利说明书，自 1843 年开始出版。

（6）再公告专利（Reissued Patent）。发明专利授权后 2 年之内，发明人提交再公告专利申请授予的再公告专利。再公告专利中可以修改权利要求，但不允许加入新的实质性内容。凡是原说明书内容删掉的部分用【】注明，新增加的部分用斜体字以示区别。1838 年开始出版并单独编号。

（7）依法登记的发明（Statutory Invention Registration）。依法登记的发明的前身是防卫性公告（Defensive Publication），1985 年更名。依法登记的发明不是专利，它具有专利的防卫性特征，而不具有专利的实施性特征。当发明人认为自己的发明不值得或不愿意申请正式专利时，但又怕别人以相同的发明申请专利时，选择依法登记的发明，使相同的发明丧失新颖性，可起到保护发明人利益的作用。

美国专利信息种类与编号见表 7-3-1。

表 7-3-1　美国专利信息种类和编号

专利说明书种类	2001 年以前编号	2001 年以后编号
发明专利申请公开	无	US2008191654A1
发明专利说明书	6167568	US8090475 B2（B1）
植物专利申请公开	无	US20110321207P1
植物专利说明书	Plant 10810	USPP22447 P2
设计专利	Des 406207	US D651627 S1（S）
再公告专利说明书	Re 36128	USRE38399E1（E）
依法登记的发明	H1234（1985.3.12 起）	USH1523H
防卫性公告	T999003（1968~1985.3 止）	

7.3.2　美国专利与商标局专利数据库

美国专利与商标局专利数据库主要由授权专利数据库和专利申请公开数据库组成。专利授权数据库可检索 1790 年以来授权的专利，专利申请公布数据库可检索 2001 年以来公布的专利。登录网址 http://www.uspto.gov/patents/process/search 到专利数据库选择界面，如图 7-3-1 所示。

1. 检索方式与检索方法

授权专利数据库提供 Quick Search（快速检索）、Advanced Search（高级检索）和 Patent Number Search（专利号检索）3 种方式，可检索 1976 年以来的专利，1790～1975 年的专利则只能使用专利号和分类号检索，全文为扫描图像，参见图 7-3-1 中部。

Search for Patents

Patents may be searched in the following methods:

- USPTO Patent Full-Text and Image Database (PatFT)
- USPTO Patent Application Full-Text and Image Database (AppFT)
- Patent Application Information Retrieval (PAIR)
- Public Search Facility
- Patent and Trademark Resource Centers (PTRCs)
- Patent Official Gazette
- Common Citation Document (CCD)
- Search International Patent Offices
- Search Published Sequences
- Patent Assignment Database (Assignments on the Web)

USPTO Patent Full-Text and Image Database (PatFT)

Inventors are encouraged to search the USPTO's patent database to see if a patent has already been filed or granted that is similar to your patent. Patents may be searched in the USPTO Patent Full-Text and Image Database (PatFT). The USPTO houses full text for patents issued from 1976 to the present and TIFF images for all patents from 1790 to the present.

Searching Full Text Patents (Since 1976)

Customize a search on all or a selected group of elements (fields) of a patent.

- Quick Search
- Advanced Search
- Patent Number Search

Searching TIFF Image Patents (Since 1790)

Searches are limited to patent numbers and/or classification codes for pre-1976 patents.

- View Patent Full-Page Images
- How to View Patent Images

Back to top

USPTO Patent Application Full-Text and Image Database (AppFT)

Search for Full-Text and Image versions of patent applications. Customize searches on all fields of a patent application in the AppFT for Full-Text searches.

- Quick Search
- Advanced Search
- Publication Number Search

图 7-3-1　专利数据库选择界面

专利申请公布数据库提供 Quick Search（快速检索）、Advanced Search（高级检索）和 Publication Number Search（出版号检索）3 种方式，可检索 2001 年以来的申请公开专利，参见图 7-3-1 下部。

1）Quick Search（快速检索）

快速检索界面，如图 7-3-2 所示。提供了两个检索框，检索词之间和检索框内可使用布尔检索技术，算符为 AND、OR、ANDNOT；单个检索词可使用无限后截词检索技术，算符为 "$"，短语不能使用截词符；可使用短语检索技术，短语须用双引号，如"climbing robot"；可使用字段限制技术，如 Title（标题）、Abstract（文摘）等。

图 7-3-2　快速检索界面及检索提问式的输入

2）Advanced Search（高级检索）

检索界面参见图 7-3-3。高级检索可使用的检索技术与快速检索类似，但检索式的输入与快速检索完全不同，要求输入完整的检索提问式，字段代码用前缀表示（参见表 7-3-2），检索方法参见检索实例。

表 7-3-2　美国专利与商标局专利数据库常用检索字段

字段代码	字段英文名	字段中译名
ABST	Abstract	摘要
ACLM	Claim（s）	权利要求
ACN	Assignee Country	专利权人所在国家
AN	Assignee Name	专利权人名称
APD	Application Date	申请日
APN	Application Serial Number	申请号
APT	Application Type	专利申请类型
CCL	Current US Classification	现行美国分类号
ICL	International Classification	国际专利分类号
ICN	Inventor Country	发明人所在国家
IN	Inventor Name	发明人姓名
ISD	Issue Date	出版日期
PCT	PCT Information	PCT 信息
PN	Patent Number	专利号

续表

字段代码	字段英文名	字段中译名
PRIR	Foreign Priority	国外优先权
REIS	Reissue Data	再公告日
SPEC	Description/Specification	说明书
TTL	Title	发明名称

注：（1）日期字段（如 APD、ISD、REIS），在检索时可采用以下 3 种输入方式：

① 年月日：年为 4 位数，月、日采用 2 位数，例如：20040615。

② 月-日-年：月份既可用阿拉伯数字表示，也可用英文单词或英文缩写表示，日为 2 位数，年用 4 位数，例如：06-15-2004，June-15-2004 或 Jun-15-2004。

③ 月/日/年：月份既可用阿拉伯数字表示，也可用英文单词或英文缩写表示，日为 2 位数，年用 4 位数，例如：06/15/2004，June/15/2004，Jun/15/2004。若检索某一时间段的专利，可利用运算符 "→"，例如：ISD/06/15/1994→06/15/2004。

（2）号码字段（如 APN）：不足 6 位，在号码前添加数字 "0"。

（3）分类字段（如 CCL、ICL）：国际专利分类号的输入格式为 ICL/B01d053/00。美国专利分类号的输入格式为 CCL/主分类/二级分类，例如：CCL/96/134。

3）Patent Number Search（专利号检索）与 Publication Number Search（出版号检索）

已知专利号或出版号欲查找专利说明书全文时，应使用专利号或出版号检索。输入专利号时应当注意，除工业实用专利外，其他专利如外观设计专利、植物专利、再公告专利、依法登记的发明（防卫性公告）等必须在号码之前输入代表专利类型的前缀（D、PP、RE、H（T））。

2. 检索实例

检索课题：模式识别与神经网络

1）编制检索策略

（1）选择检索词。

模式识别——pattern recognition；神经网络——neural networks

（2）使用相关检索技术，构造检索提问式。

TTL/" pattern recognition " and TTL/" neural networks "

2）实施检索策略

（1）登录网址 http：//www. uspto. gov/patents/process/search 到专利数据库选择界面。

（2）打开授权专利数据库的高级检索界面，输入检索提问式，如图 7-3-3 所示。

（3）点击 "Search" 按钮，得检索结果，如图 7-3-4 所示，点击专利号或标题可浏览专利说明书全文。

图 7-3-3　高级检索界面及检索提问式输入

图 7-3-4　检索结果

7.4　日本专利信息及其检索

7.4.1　概述

经过 100 多年的发展，日本已经建立起了完善的专利制度，并与产业发展和其他法律制度融为一体。日本专利制度实行日本特許法、日本实用新案法和日本意匠法分别单独立法的模式，包括"特許"（发明专利）、"实用新案"（实用新型专利）和"意匠"（外观设计专利）3 种类型。目前出版的专利信息主要有以下几种：

（1）公开特許公报。未经实审尚未授权的发明专利申请公开说明书。

（2）特許公报。经实审授权的发明专利说明书。

（3）登录实用新案公报。形式审查后授予实用新型注册证书的实用新型说明书。

（4）意匠公报。外观设计公报，不出版说明书单行本。

日本专利信息种类与编号见表 7-4-1。

表 7-4-1　日本专利信息种类和编号

专利说明书种类	2000 年以前编号	2000 年以后编号
公开特許公报 A	特开平 9-173771	特開 2011-83657（P2011-83657A）
特許公报 B2	第 2500001～1996.5.29 开始	特許第 2996501 号（P2996501）
登録实用新案公报	第 3000001～1994.7.26 开始	第 3064201 号（U3064201）
意匠公报 S	从 1 号开始顺排	

7.4.2　日本工业产权数字图书馆

工业产权数字图书馆（Industrial Property Digital Library，IPDL）是日本专利局提供检索日本专利信息的数据库，有日文和英文两种检索界面。日文界面可检索到大正 10 年（1921 年）以来的发明专利说明书全文，1971 年以来的公开特許公报、公开实用新案公报等。英文界面可检索到 1976 年 10 月至今公开的日本专利说明书（包括发明专利和实用新型）英文摘要和日文全文。其中 1976 年至 1992 年的专利说明书为扫描图形，1993 年至今的专利说明书为文本格式。登录网址 http://www.jop.go.jp 到日本专利局首页，如图 7-4-1 所示，点击图 7-4-1 右栏下方的 Industrial Property Digital Library（IPDL），进入 IPDL 英文界面，如图 7-4-2 所示。IPDL 英文界面中，PAJ（Patent Abstracts of Japan，日本专利文摘数据库）是最常用的数据库。

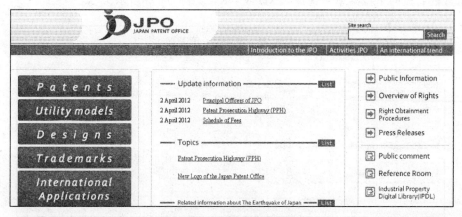

图 7-4-1　日本专利局首页

1. PAJ 检索方式及检索技术

点击图 7-4-2 中的 PAJ 链接，进入 PAJ 检索界面，如图 7-4-3 所示。PAJ 提供了 Text Search（文本检索）和 Number Search（号码检索）两种方式。

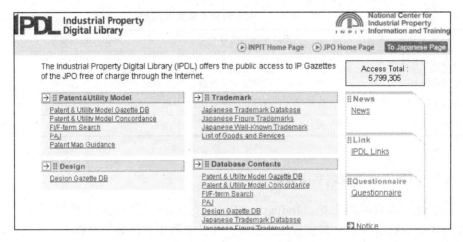

图 7-4-2　IPDL 英文界面

1）文本检索（Text Search）

有申请人或发明名称或文摘、专利公布日期、国际专利分类号 3 种途径，3 种途径可独立使用，也可配合使用。配合使用时，3 种途径之间的检索技术固定为布尔逻辑与（AND）的关系。在使用申请人或发明名称或文摘途径检索时，3 个检索框之间使用的检索技术固定为布尔逻辑与（AND）的关系。单一检索框内的检索词之间可使用逻辑与、逻辑或，其方法是在检索词之间留一空格，在该检索框右边的下拉菜单中选择 AND 或 OR，如图 7-4-3 所示。

图 7-4-3　PAJ 文本检索界面

2）号码检索（Number Search）

可使用申请号（Application number）、出版号（Publication number）、专利号（Patent number）等进行检索，检索框中可同时输入多个号码，在每个号码之间空一格即可，如图 7-4-4 所示。

图 7-4-4　PAJ 号码检索界面

2. PAJ 检索实例

检索课题：2010 年以来机器人导航系统方面的相关技术

1）编制检索策略

（1）选择检索词。

机器人——robot；导航——navigation；系统——system

（2）使用相关检索技术，构造检索提问式。

Robot and navigation and system and 20100101-20120410

2）实施检索策略

（1）登录网址 http://www.jpo.go.jp 到日本专利局首页，点击 Industrial Property Digital Library（IPDL）（参见图 7-4-1）进入 IPDL 英文界面（参见图 7-4-2），点击 PAJ 进入日本专利文摘数据库。

（2）输入检索提问式，点击 "Search" 按钮，得检索结果命中数，如图 7-4-5

图 7-4-5　PAJ 文本检索提问式输入及检索结果

所示。

（3）点击图 7-4-5 上方的"Index Indication"链接得题录，如图 7-4-6 所示。

（4）点击出版号链接查看专利说明书的文摘，如图 7-4-7 所示。

（5）点击文摘上方的"JAPANESE"按钮，可得日文的专利说明书全文。

No.	Publication No.	Title
1.	2011 – 128158	SYSTEM AND METHOD FOR DEPLOYMENT OF PORTABLE LANDMARK
2.	2010 – 200894	SURGERY SUPPORT SYSTEM AND SURGICAL ROBOT SYSTEM
3.	2010 – 160735	MOBILE ROBOT, RUNNING PLAN MAP GENERATION METHOD AND MANAGEMENT SYSTEM
4.	2010 – 096773	ROBOT NAVIGATION SYSTEM
5.	2010 – 064154	ROBOT CONTROL SYSTEM, REMOTE MANAGEMENT DEVICE, ROBOT, ROBOT CONTROL AND REMOTE MANAGEMENT METHODS, AND ROBOT CONTROL AND REMOTE MANAGEMENT PROGRAMS
6.	2010 – 019708	ON-BOARD SYSTEM

图 7-4-6　题录显示

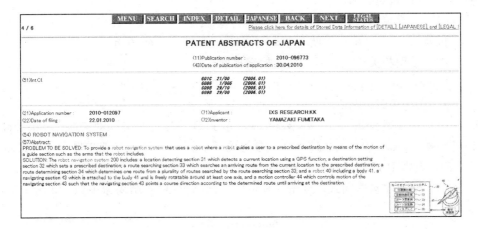

图 7-4-7　文摘显示

7.5　欧洲专利信息及其检索

7.5.1　概述

根据欧洲专利公约，一项欧洲专利申请可成为在成员国生效的欧洲专利。欧洲专利公约是一个地区性国家间专利组织，仅是一个负责审查和授予欧洲专利的公约，只对欧洲国家开放。欧洲专利公约为各成员国提供了一个共同的法律制度和统一授予专利的程序。审查程序采取早期公开、延迟审查及授权后的异议制度。提出欧洲专利申请时，可以指定一个、几个或全部成员国。一旦依照公约授予专利权，即可在所有指定的成员国生效，与指定的各成员国依国家法授予的专利具有同等效力，欧洲专利权有效期是自申请日起 20 年。欧洲专利公约对于欧洲专利的维持、行使、保护，以及他人请求宣告欧洲专利无效，均由各指定的成员国依照国家法进行。欧洲专利目前包括 38 个成员国在内约 90 多个国家的专利，专利说明书全文以 PDF 格式存储，说明书使用本国文字，申请途径和申请、授权程序如下。

1. 申请途径

通过巴黎公约向欧洲专利局申请。巴黎公约是指在本国申请后，在先专利申请日（即优先权日）起 12 个月届满前向欧洲专利局提出专利申请，可以享受优先权的待遇，即对外国申请的新颖性判断时间界定在优先权日之前，并且可以影响他人在优先权日后、外国申请日前这一期间提出申请的新颖性。

通过专利合作条约（简称 PCT）向欧洲专利局申请。PCT 是有关专利申请的国际条约。根据 PCT 的规定，专利申请人可以通过 PCT 途径递交国际申请，向多个国家申请专利，可以将优先权期限从 12 个月延长到 30 个月向其成员国申请国家专利。欧洲专利局将进入的期限延长为自优先权日起 31 个月。

2. 申请、授权程序

（1）提交申请。申请人可以英语、法语或德语向欧洲专利局提交申请文件。

（2）检索。欧洲专利局对与申请的专利性有关的现有技术文件进行检索，并公布检索报告，申请人可根据检索报告来判断其发明获得授权的可能性。

（3）公布专利申请。欧洲专利局将于自优先权日（申请日）起 18 个月内公布专利申请。

（4）提出实质审查请求和实质审查。申请人可在申请的同时或在欧洲专利局的检索报告公布日起 6 个月内提出实质审查请求，同时需从欧洲成员国中指定具体成员国。提出实质审查后进入实审程序，在提出实审后 1～3 年内收到欧洲专利局的审查意见，应根据审查员的意见进行辩驳或修改申请文件。

（5）授权。当审查通过后，欧洲专利局将发出授权通知复印件，申请人选择同意授权文本，付授权费并递交权利要求的其他两个语种的翻译译文，查询确认是否已经提交优先权证明文件的译文，被正式授权并发出授权证书。授权后，申请人须在指定国名单中选择生效国，按照生效国的要求在不同国家生效后，申请人则拥有相互独立的不同国家的专利。

2010 年 10 月 1 日起，欧洲专利局的授权专利将在 40 个欧洲国家（包括 38 个成员国及 2 个延伸国）生效，具体的起始时间根据不同国家（或组织）而异。

7.5.2 欧洲专利数据库

欧洲专利数据库（Espacenet Patent Search）涵盖了 90 多个国家的专利信息，有 3 个子数据库，子数据库的名称及检索范围如下：

（1）世界专利数据库（Worldwide）。可检索美国专利、欧洲专利、欧洲专利成员国专利、日本专利、世界知识产权组织专利等 90 多个国家和地区公开的专利信息及说明书全文，覆盖的年代范围较广。

（2）欧洲专利数据库（EP）。可检索欧洲专利局公开的专利信息及说明书全文。

（3）世界知识产权组织专利数据库（WIPO）。可检索世界知识产权组织公开的国际专利信息及说明书全文。

网址为 http://worldwide.espacenet.com。

1. 检索方式及检索方法

欧洲专利局主页如图 7-5-1 所示。提供了 Smart Search（创新检索）、Quick Search（快速检索）、Advanced Search（高级检索）、Number Search（号码检索）和 Classification Search（分类检索）5 种检索方式，Smart Search 为系统默认方式。5 种检索方式中，常用的是 Quick Search（快速检索）、Advanced Search（高级检索）。

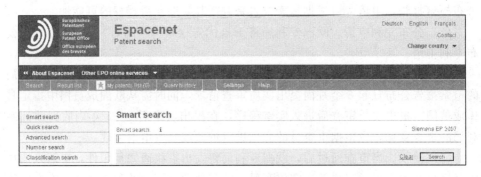

图 7-5-1　欧洲专利数据库主页

1) Quick Search（快速检索）

点击图 7-5-1 中的"Quick Search"链接，进入快速检索界面，如图 7-5-2 所示。检索方法如下：

（1）选择数据库。有 Worldwide、EP、WIPO 3 个子数据库供选择，系统默认的数据库是 Worldwide。

（2）选择检索类型。3 个子数据库提供的检索类型不完全相同。Worldwide

子数据库提供了 Words in the title or abstract 和 Persons or organisations 2 种检索类型，如图 7-5-2 所示。EP 和 WIPO 两个子数据库提供了 Words in the title or abstract、Persons or organisations 与 Words in the full text of description and claims3 种检索类型，如图 7-5-2 所示。Words in the title or abstract 是指检索词在标题或摘要中进行检索；Persons or organisations 是指在申请人或发明人或机构名称中进行检索；Words in the full text of description and claims 是指检索词在说明书全文与权力要求书中进行检索。

（3）输入检索词。如输入 "air pollution control"，点击 "Search" 按钮，如图 7-5-2 所示。

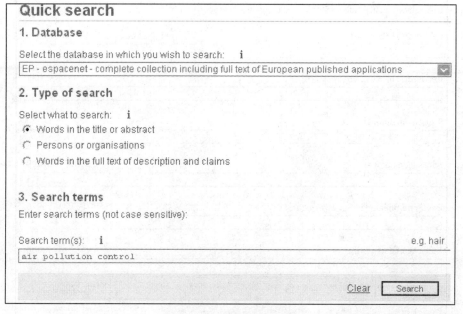

图 7-5-2　快速检索界面

2）Advanced Search（高级检索）

点击图 7-5-1 中的 "Advanced search" 链接，进入高级检索界面，如图 7-5-3 所示。高级检索提供了 10 个检索字段，分别为发明名称、发明名称或文摘、公开号、申请号、优先权号、公开日期、申请人、发明人、欧洲专利分类号、国际专利分类号。

高级检索的字段输入可使用布尔逻辑运算与截词。布尔逻辑运算符包括 and、or、not，截词符包括 "＊"、"？"、"＃"，其中 "＊" 表示任意个字符；"？" 代表 0～1 个字符；"＃" 代表一个字符。截词符主要用来检索一个检索词的多种形式，例如，复数、所有格或拼写不确定时。

　　在一个字段里如果同时输入多个检索词进行检索，可以不用逻辑运算符而只用空格代替。此时默认的逻辑关系如下：字段中空格默认操作符为 or 的有 publication number、application number、priority number；字段中空格默认操作符为 and 的有 keyword（s）in title、keyword（s）in title or abstract、applicant、inventor、IPC、ECLA。

图 7-5-3　高级检索界面

2. 检索实例

检索课题：智能传感器

1）编制检索策略

（1）选择检索词。

智能——intelligent；传感器——sensor

（2）使用相关检索技术，构造检索提问式。

Intelligen * /ti and sensor/ti

2）实施检索策略

（1）登录网址 http://worldwide. espacenet. com 到欧洲专利局数据库主页，打开"Advanced Search"检索界面。

（2）数据库范围选择 Worldwide。

（3）在 Keyword(s) in title 检索框内输入检索提问式，如图 7-5-4 所示。

Advanced search

1. Database

Select the database in which you wish to search:　i

Worldwide - full collection of published patent applications from 90+ countries

2. Search terms

Enter keywords in English - ctrl-enter expands the field you are in

Keyword(s) in title:　i　　　　　　　　　　　　　　　plastic and bicycle

intelligen* and sensor

Keyword(s) in title or abstract:　i　　　　　　　　　　　hair

Publication number:　i　　　　　　　　　　　　　WO2008014520

Application number:　i　　　　　　　　　　　　　DE19971031696

Priority number:　i　　　　　　　　　　　　　WO1995US15925

Publication date:　i　　　　　　　　　　　　　yyyymmdd

20110101-20120508

图 7-5-4　高级检索界面及检索提问式输入

（4）点击"Search"按钮，得检索结果及题录，命中 481 条，如图 7-5-5 所示。

（5）点击第 1 条标题得摘要，如图 7-5-6 所示。

（6）点击摘要左侧的"Original document"链接，可在线阅读、下载该专利说明书的全文，如图 7-5-7 所示。

图 7-5-5　检索结果及题录

图 7-5-6　摘要

Original document: WO2012003747 (A1) — 2012-01-12

★ In my patents list　　Previous ◀ 2 / 81 ▶ Next　　→ EP Register　　→ Report data error　　🔒 Print

MULTISECTION INTELLIGENT SENSOR

|◀ ◀ Page　1/11 Abstract Bibliography　▼　▶ ▶|　　　🔲 Maximise　　⬇ Download

(12) 按照专利合作条约所公布的国际申请

(19) 世界知识产权组织
国 际 局

(43) 国际公布日
2012 年 1 月 12 日 (12.01.2012)

PCT

|||||||||| 条形码 ||||||||||

(10) 国际公布号
WO 2012/003747 A1

(51) 国际专利分类号:
G08B 13/08 (2006.01)　　G01R 33/07 (2006.01)
G08B 13/24 (2006.01)

(21) 国际申请号: PCT/CN2011/074787

(22) 国际申请日: 2011 年 5 月 27 日 (27.05.2011)

(25) 申请语言: 中文

(26) 公布语言: 中文

(30) 优先权:
201020249171.5 2010 年 7 月 6 日 (06.07.2010)　CN

(72) 发明人: 及

(71) 申请人: 梁耀康 (LEUNG, Yiu Hong) [CN/CN]; 中
国香港特别行政区九龙新界, Hong Kong (CN)。

(72) 发明人: 梁乐逊 (LEUNG, Lok Shun); 中国香港特
别行政区九龙新界, Hong Kong (CN)。

(74) 代理人: 广州市南锋专利事务所有限公司
(GUANGZHOU NANFENG PATENT AGENT LIM-
ITED); 中国广东省广州市越秀区先烈中路 100 号
省高技术中心实验楼二楼, Guangdong 510070
(CN)。

(81) 指定国 (除另有指明, 要求每一种可提供的国家
保护): AE, AG, AL, AM, AO, AT, AU, AZ, BA, BB,
BG, BH, BR, BW, BY, BZ, CA, CH, CL, CN, CO, CR,
CU, CZ, DE, DK, DM, DO, DZ, EC, EE, EG, ES, FI, GB,
GD, GE, GH, GM, GT, HN, HR, HU, ID, IL, IN, IS, JP,
KE, KG, KM, KN, KP, KR, KZ, LA, LC, LK, LR, LS,
LT, LU, LY, MA, MD, ME, MG, MK, MN, MW, MX,
MY, MZ, NA, NG, NI, NO, NZ, OM, PE, PG, PH, PL,
PT, RO, RS, RU, SC, SD, SE, SG, SK, SL, SM, ST, SV,
SY, TH, TJ, TM, TN, TR, TT, TZ, UA, UG, US, UZ, VC,
VN, ZA, ZM, ZW。

(84) 指定国 (除另有指明, 要求每一种可提供的地区
保护): ARIPO (BW, GH, GM, KE, LR, LS, MW, MZ,
NA, SD, SL, SZ, TZ, UG, ZM, ZW), 欧亚 (AM, AZ,
BY, KG, KZ, MD, RU, TJ, TM), 欧洲 (AL, AT, BE,
BG, CH, CY, CZ, DE, DK, EE, ES, FI, FR, GB, GR, HR,
HU, IE, IS, IT, LT, LU, LV, MC, MK, MT, NL, NO, PL,
PT, RO, RS, SE, SI, SK, SM, TR), OAPI (BF, BJ, CF,
CG, CI, CM, GA, GN, GQ, GW, ML, MR, NE, SN, TD,
TG)。

本国际公布:

— 包括国际检索报告(条约第 21 条(3))。

图 7-5-7　说明书全文阅读页面

第8章 电子图书的检索

8.1 概 述

8.1.1 电子图书的构成及特点

电子图书又称 e-book，是指以数字代码方式将图、文、声、像等信息存储在磁、光、电介质上，以电子版的方式在互联网上出版、发行，通过计算机或类似设备使用的书籍形式。在计算机迅速普及的今天，电子图书作为一种新兴的记录知识和信息的载体，由以下三大要素构成：一是 e-book 的内容，以特殊的格式制作而成，可在有线或无线网上传播；二是 e-book 的阅读设备，如计算机；三是 e-book 阅读软件，如超星阅览器、方正 Apabi Reader、KDF Reader 等。电子图书与传统的纸质型图书相比，特点如下：制作方便，不需要大型印刷设备，成本低廉；检索方便，可从单一词汇和相关词汇等多种途径进行检索；阅读功能强，文字大小、颜色可以调节，可以使用外置的语音软件进行朗诵；内容更丰富，包含图、文、声、像等各种信息，生动直观，可读性强；利于共享，可多人同时阅读同一册图书。

8.1.2 电子图书的类型

按存储格式，电子图书主要可分为图像格式、文本格式和图像与文本格式3 类。

（1）图像格式（PDG）。将传统的印刷型图书内容扫描到计算机中，以图像格式存储，制作较为简单，适合于古籍图书以及以图片为主的技术类书籍的制作，但图像清晰度较差，阅读效果不太理想，须使用专用阅读器。

（2）文本格式。将书的内容作为文本，使用相应的应用程序。应用程序提供基于内容或主题的检索方式、方便地跳转、书签、语音信息、在线辞典等功能。

（3）图像与文本格式。其典型代表是 PDF 格式，是 Adobe 公司开发的电子读物文件格式，大多电子图书都用 PDF 格式保存，特点是美观、便于浏览、安全性高，能以制作者所希望的形式显示和打印，须使用 Adobe Acrobat Reader 阅读。

按载体和使用方式，主要可分为光盘电子图书和网络电子图书，常用的是网络电子图书。网络电子图书以电子文档方式发行、传播，以互联网为依托，可以跨越时空为全球读者提供 24 小时服务。

8.2　超星数字图书馆

超星数字图书馆是目前世界最大的中文在线数字图书馆，内容涵盖人文与社会科学、自然科学、生物医学与生物科学、工程与技术科学和综合类 5 大学科几十个大类，设有文学、历史、法律、计算机、医学、综合等几十个分馆，有数百万册电子图书供阅读使用。依托先进、成熟的超星数字图书馆技术平台，其阅读软件——超星阅读器（ssreader）支持多种数字图书和文档格式，提供多种图书浏览方式，如书签、交互式标注和可识别并复制其中的内容到文档进行编辑等，使读者充分体验到数字化阅读的乐趣。

8.2.1　检索方式及检索方法

1. 检索方式

超星数字图书馆主页如图 8-2-1 所示，有分类检索、快速检索和高级检索 3 种检索方式。

（1）分类检索。如图 8-2-1 左侧所示，点击一级分类即进入二级分类，依次类推。末级分类的下一层是图书信息页面，点击书名超链接，即可阅读图书。

图 8-2-1　超星数字图书馆主页

（2）快速检索。快速检索能够实现对书名、作者、主题词的单字段查询。在检索框里输入书名或关键词，字段选择书名，点击"检索"按钮，即可进行图书的书名检索，如图 8-2-1 所示。

（3）高级检索。点击图 8-2-1 上方的"高级检索"链接，进入高级检索界面，参见图 8-2-8。高级检索可进行多字段检索，各字段之间可用布尔逻辑进行组配，可对检索范围和出版年代进行选择，检索方法参见实例。

2. 检索方法

（1）下载超星阅览器。首次阅读电子图书，须先下载安装超星阅览器，如图 8-2-1 所示。点击"立刻下载"按钮，按系统提示完成安装阅览器。

（2）检索图书。使用以上任一方式检索，即可得到检索结果。

（3）阅读或下载图书。点击选中的书名，即可链接到图书阅读页面，系统默认以静止方式显示一页内容，可利用阅览器提供的多种功能进行在线阅读或下载阅读。

8.2.2　阅览器主要功能

1. 图书下载

在图书阅读页面上单击鼠标右键，在弹出的菜单中选择"下载"，或单击左上方的"图书"按钮，选择"下载"，如图 8-2-2 所示。点击下载，进入下载选

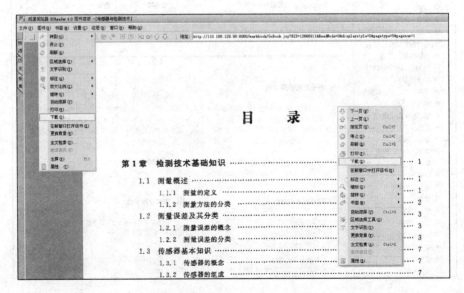

图 8-2-2　图书下载页面

项页面，如图 8-2-3 所示。点击"确定"按钮，图书全文下载并保存到本机 C 盘；也可点击"新建"按钮，保存到本机指定磁盘。

图 8-2-3　下载选项页面

2. 文字识别

超星图书全文为 PDF 格式，可通过"文字识别"功能，将识别结果保存为 TXT 文本文件。单击鼠标右键，在弹出的菜单中，选择"文字识别"，如图 8-2-2所示，将需要识别的文字显示在文字识别框中，如图 8-2-4 所示。可以

图 8-2-4　文字识别页面

利用文字识别框进行编辑，点击"保存"，即保存为文本文件。

3. 剪切图像

"剪切图像"可直接复制修改书中的某一部份内容。单击鼠标右键，在弹出的菜单中选择"区域选择工具"，如图 8-2-2 所示。框选需要的图，在弹出的菜单选择"复制图像到剪贴板"或"图像另存为"保存图像，如图 8-2-5所示。

1. 敏感元件

敏感元件是指传感器中能直接感受被测量的变化，并输出与被测量有确定关系的某一物理量的元件。敏感元件是传感器的核心，也是研究、设计和制作传感器的关键。如图 1-4 所示为一种气体压力传感器的示意图。膜盒 2 的下半部与壳体 1 固定连接，上半部通过连杆与磁芯 4 相连，磁芯 4 置于两个电感线圈 3 中，电感线圈 3 接入转换电路 5。这里的膜盒 2 就是敏感元件，其外部与大气压力相通，内部感受被测压力 P。当 P 变化时，膜盒 2 上半部移动，即输出相应的位移量。

图 1-4　气体压力传感器的示意图
1—壳体；2—膜盒；3—电感线圈；4　磁芯；5—转换

复制图像到剪贴板 (L)
图像另存为 (A)
文字识别 (U)
剪贴图像到采集窗口 (N)
识别文字到采集窗口 (C)
拖动状态 (Z)

2. 转换元件

敏感元件的输出就是转换元件的输入，转换元件把敏感元件的输入转换成电参量输出。

图 8-2-5　剪切图像页面

4. 指定页阅读

单击鼠标右键，在弹出的菜单中选择"指定页"，如图 8-2-2 所示。在弹出的选择框里填写指定页的页码，如图 8-2-6 所示。点击"确定"按钮，阅读页面自动跳到指定页。

图 8-2-6　指定页选择页面

5. 标注

单击鼠标右键，在弹出的菜单中选择"标注"按钮；或点击菜单栏"图书"，选择"标注"链接，在弹出的菜单中选择"显示标注工具"链接，如图 8-2-7 所示。在弹出的标注工具栏（批注、铅笔、直线、圈、高亮、链接），选择工具栏中的图标，即可对重点字句进行标注。

图 8-2-7　标注选择页面

8.2.3　检索实例

检索课题：由夏定元编写的有关通信方面的图书

根据检索目的，宜使用高级检索方式。

打开高级检索界面，检索过程如下：

（1）在检索框输入检索词——通信、夏定元，字段分别选择书名、作者，逻辑关系为并且（逻辑与）。

（2）点击"检索"按钮，得检索结果，如图 8-2-8 所示。

（3）点击书名，即链接到图书全文阅读页面，可根据需要使用阅读器的有关功能进行阅读。例如，使用标注对重要章节加批注，点击"ok"按钮即可，如图 8-2-9 所示；点击标注栏的相应工具，可进行铅笔、直线、圆、高亮等标注，如图 8-2-10 所示。

图 8-2-8　高级检索界面——检索词输入及检索结果

图 8-2-9　批注页面

4.1.1　数据通信的基本特性

　1. 数据通信的特点

　　数据通信是人与人、人与机器(如计算机等终端设备)、机器与机器之间蕴含信息的数据交换传递过程。数据通信可以采用 字通信方式 (在数字通信网上实现),也可以采用模拟通信方式(在模拟通信网上实现)。在现代数据通信业务(特别是多媒体通信业务)中,数字通信占有越来越大的比重,并将成为今后的发展趋势,这与计算机应用的普及和深入密切相关。对多媒体通信来讲, 　　　　　　　　　　等多种媒体都是以数据形式进行传递的,因此,多媒体通信是一种数据通信,而且是最复杂的数据通信。计算机通信网与其他通信网的融合,促进了多媒体通信网的发展。

图 8-2-10　铅笔、直线、圈和高亮标注

8.3　读秀学术搜索

　　读秀学术搜索是全球最大的中文图书搜索及文献传递系统,集图书搜索、文献传递、参考咨询等多种功能为一体,以海量的数据资源库为基础,提供切入目录和全文知识点的深度检索,以及部分图书的全文试读。可直接进入各种检索的结果或某个章节进行图书的阅读,也可通过文献传递来阅读,是一个大型的学术资源搜索及文献传递服务平台。主要功能特点如下。

8.3.1　系统功能及检索方式

　1. 系统功能

　　(1) 多类型文献及资源的搜索。提供知识、图书、期刊、报纸、学位论文、会议论文等 24 种文献及资源的搜索,即使用任一检索词,可同时得到与该检索词相关的图书、期刊、报纸、会议论文、学位论文、专利、标准、人物、工具书、网页、图片、视频等文献与资源。

　　(2) 馆藏学术资源整合与统一检索。实现了电子图书、纸质图书的整合,将图书馆现有纸质图书、电子图书和其他资源整合于同一平台上,统一检索,检索结果与馆藏各种资源库链接。检索任何一个知识点,都可以直获取图书馆内与其相关的纸质图书、电子图书、期刊论文等。

　　(3) 多种文献获取方式与快捷的文献传递。提供馆藏纸质图书、电子图书的链接,全国其他馆藏链接,提供图书、期刊论文、学位论文等文献自动的文献传递,直接发送到读者邮箱,没有时空的限制。

2. 检索方式及检索方法

读秀学术搜索主页如图 8-3-1 所示。有简单检索、高级检索、专业检索和分类导航 4 种检索方式，常用的是简单检索和高级检索。

图 8-3-1　读秀学术搜索主页

（1）简单检索。是系统默认的检索方式，适合任何类型文献的检索，根据需求，可选择单字段缩小检索范围，如图 8-3-1 所示。

（2）高级检索。点击图 8-3-1 右方的"高级检索"链接，即可进入高级检索界面。高级检索适合图书、期刊、报纸、学位论文、会议论文等类型文献的检索，可进行多字段的组配检索。

8.3.2　检索实例

1. 图书检索实例

1）检索

在简单检索框输入检索词——线性系统理论，文献类型选择为图书，字段选为书名，如图 8-3-1 所示。点击"中文搜索"按钮，检索结果如图 8-3-2 所示。

2）检索结果处理

（1）阅读全文。点击"阅读全文"按钮，即可进行阅读全文。

（2）图书下载。点击"图书下载"，按系统提示操作，将全文下载到指定位置。

（3）馆藏纸本链接。点击"馆藏纸本"，进入本馆馆藏书目查询系统，查看该纸质图书的借阅情况，如图 8-3-3 所示。

（4）申请文献传递。若不能阅读全文，又无馆藏纸本，可单击图书封面或书名，进入图书详细信息页面，如图 8-3-4 所示。点击"图书馆文献传递"按钮，填写咨询表单中的电子邮箱和验证码，点击"确认提交"按钮，如图 8-3-5 所示。咨询提交成功后在 1 个工作日系统将处理结果发送至邮箱。（注：图书每次只能申请 50 页）

图 8-3-2　检索结果

图 8-3-3　馆藏纸本书目查询系统

线性系统理论　　　　　(被引用指数0.7663;被引用次数141)

【作　者】郑大钟编

【出版商】 清华大学出版社 ,2002

【ISBN号】7-302-05501-7

【页　数】 706;25cm

【原书定价】46.00

【主题词】线性系统理论　线性系统理论

部分阅读

图书馆文献传递

图 8-3-4　图书详细信息页面

提示: **参考咨询服务通过读者填写咨询申请表,咨询馆员将及时准确地把读者所咨询的文献资料或问题答案发送到读者的Email信箱。**

* 请读者仔细的填写以下咨询申请表单

咨询标题:　**线性系统理论** *

咨询类型:　图书

咨询范围:　(提示:本书共有正文页706)

　　　　　　正文页 [1] 页至 [50] 页*

　　　　　　☐如需辅助页(版权页、前言页、目录页、附录页、插页),请勾选

电子邮箱:　[cylib@163.com]

　　　　　　(特别提示:请填写有效的email邮箱地址,如填写有误,您将无法查收到所申请的内容!)

验证码:　[482s8]　　*482S8*　　看不清楚?换一张

　　　　　(不区分大小写)

确认提交

图 8-3-5　填写咨询表单

2. 多类型文献的一站式检索实例

读秀学术搜索集多类型学术资源于同一平台,输入一次检索词,在检索页面的右方,即可显示与检索词相关的图书、期刊、论文、视频、课件等文献及资源的检索结果。

1) 检索

在简单检索框输入检索词——关系数据库程序设计,文献类型选择为“知识”,点击“中文搜索”按钮,得到多类型文献的检索结果,左栏为知识的相关

条目，右栏为其他类型文献的相关链接，如图 8-3-6 所示。

图 8-3-6　多类型文献检索结果

2）知识点的阅读、文字摘录及下载

（1）阅读。点击第一个章节名或阅读链接，打开阅读页面即可阅读相关知识点，如图 8-3-7 所示。

图 8-3-7　知识点阅读页面

（2）文字摘录及下载。点击"选取文字"按钮，在阅读页面单击鼠标左键，提取出整页文字，可将摘录出的文字进行复制保存，参见图 8-3-7。点击"PDF 下载"按钮即可下载相关全文，参见图 8-3-6。

3）期刊论文检索结果的处理

（1）使用字段限制，精炼检索结果。点击图 8-3-6 右栏的"期刊相关"链接，得相关期刊论文检索结果，如图 8-3-8 所示。可使用标题字段精炼检索结果，如图 8-3-9 所示。

图 8-3-8　相关期刊论文检索结果

图 8-3-9　标题字段精炼检索结果

（2）全文获取方式。若论文标题后有"阅读全文"、"文章下载"按钮，点击相关按钮即可在线阅读或下载全文，如图 8-3-9 所示。若论文标题后无"阅读全文"、"文章下载"按钮，可点击论文标题进入文摘页面，申请文献传递，如图 8-3-10 所示。点击"图书馆文献传递"按钮，填写咨询表单中的电子邮箱和验证码，点击"确认提交"按钮，参见图 8-3-5。

图 8-3-10　文摘页面

8.4　Apabi 数字资源平台——电子书库

Apabi 数字资源平台——电子书库的电子图书涵盖的学科范围涉及中图法的各个类别，以新书为主，时效性强，基本上与出版社的纸质图书同时出版，具有较高的阅读价值。主要功能特点如下：

（1）显示清晰。电子图书全部由原电子文件直接转换，采用世界领先的曲线显示技术和方正排版技术，高保真显示，版面缩放不失真，保持原书的版式和原貌，包括复杂的图表、公式都完全兼容。

（2）具有复本数、借、还等服务功能，给读者的感觉是进入了实体图书馆，使用比较容易。

8.4.1　检索方式及检索方法

1. 检索方式

Apabi 数字资源平台——电子书库主页如图 8-4-1 所示。有资源搜索和分类浏览 2 种检索方式。

（1）资源搜索方式。资源搜索有 3 个资源子库，即全部资源库、图书资源库和年鉴资源库，系统默认在全部资源库，参见图 8-4-1 上方。点击图 8-4-1 上方的"图书"链接，进入图书资源库，如图 8-4-2 所示。图书资源库可通过书名、责任者、主题词/关键词、摘要、出版社、出版日期、ISBN 号等字段进行检索。

（2）分类浏览方式。点击图 8-4-1 左方分类浏览下的中图法类名，即可浏览与类名相关的图书。

图 8-4-1   全部资源搜索、分类浏览界面

图 8-4-2   图书资源库检索界面

2. 检索方法

（1）下载 Apabi Reader 阅览器。

（2）选择资源搜索检索图书或分类浏览图书。

（3）在线阅读或借阅图书。

8.4.2   检索实例

1. 在线阅读检索过程

（1）在资源搜索检索框输入检索词"信息检索"，参见图 8-4-1；点击"检

索"按钮，检索结果如图 8-4-3 所示。

图 8-4-3　检索结果

（2）点击第 1 本图书图标，进入该书的详细信息页面，如图 8-4-4 所示。

图 8-4-4　图书详细信息页面

（3）点击"在线浏览"按钮，启动阅读器下载该书全文，弹出系统提示页面，如图 8-4-5 所示。

（4）点击"下载"或"直接打开"按钮，图书下载成功，即可查看该书全文，如图 8-4-6 所示。

2. 借阅操作过程

（1）点击图 8-4-4 中的"借阅"按钮，启动阅读器下载该书全文，弹出系统提示页面，点击"下载"或"直接打开"按钮，参见图 8-4-5；下载完成后，图书借阅成功，如图 8-4-7 所示。

图 8-4-5　系统提示页面

图 8-4-6　图书全文阅读页面

图 8-4-7　图书借阅成功及归还、续借图书操作界面

（2）在图书封面单击鼠标右键，可进行添加标签、续借图书、归还图书等操作，参见图 8-4-7。

8.5 金图国际外文数字图书馆

金图国际外文数字图书馆是由北京金图国际公司开发的具有自主知识产权的数据库系统，引进的 5 万多种原版的外文电子图书，来源于美国出版在线公司和麦科索斯公司，学科涵盖技术、音乐、医学、生命科学、军事、计算机科学、经济、工商、文学、历史、艺术、社会与行为科学、哲学、心理学、农业、教育学等领域。所有电子图书均属于文本型，使用 KDF 阅读器，文字清晰、可无限放大，可对文本进行圈注、变色、标注、书签、自动滚屏、复制等多项操作。

8.5.1 检索方式及检索方法

1. 检索方式

金图国际外文数字图书馆主页如图 8-5-1 所示，有快速检索和分类检索 2 种方式。快速检索提供图书名称、作者、关键词等 13 个字段，分类检索按美国国会分类法的 21 个大类逐级浏览。

图 8-5-1 金图国际外文数字图书馆主页

2. 检索方法

（1）登录金图国际外文数字图书馆主页，如图 8-5-1 所示。

（2）下载阅读器。点击图 8-5-1 右下方的 KDF 图标，在弹出的工具下载页面点击 KDF Reader 图标，按提示下载、安装 KDF Reader 阅读器。

（3）使用分类检索或快速检索方式检索图书。

8.5.2　检索实例

1. 检索有关心理学方面的图书

选择分类检索方式，过程如下：

（1）登录金图国际外文数字图书馆主页。

（2）点击一级分类类名"哲学、心理学、宗教"前的⊞，进入二级分类；选择点击二级分类类名心理学得检索结果，如图 8-5-2 所示。

图 8-5-2　分类检索结果

（3）点击第 1 本图书书名得详细信息，如图 8-5-3 所示。

（4）点击"深入阅读"按钮，阅读全文。

2. 检索书名为 artificial intelligence（人工智能）的图书

选择快速检索方式，过程如下：

（1）登录金图国际外文数字图书馆主页。

（2）在快速检索框输入"artificial intelligence"，检索字段选择图书名称，如图 8-5-4 所示。

图 8-5-3　图书详细信息

图 8-5-4　快速检索界面

（3）点击"GO"按钮得检索结果，如图 8-5-5 所示；点击图书名称链接到图书详细信息页面，点击"深入阅读"按钮，即可阅读全文。

图 8-5-5　检索结果

8.5.3　维基百科及检索方法

　　金图国际外文数字图书馆主页右上方提供维基百科的维基入口,维基百科是一个基于 Wiki 技术的全球性多语言百科全书协作计划,同时也是一部用不同语言写成的网络百科全书,其目标及宗旨是为全人类提供自由的百科全书,检索界面如图 8-5-6 所示。在检索框输入检索词,如"artificial intelligence",参见图 8-5-6,点击"Search"按钮即可得相关知识信息。

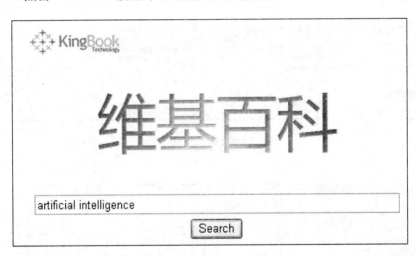

图 8-5-6　维基百科检索界面

第 9 章　开放获取学术资源的检索

9.1　开放获取学术资源概述

9.1.1　开放获取的含义

开放获取（Open Access，OA）是国际科技界、学术界、出版界、信息传播界为促进学术信息的广泛传播、交流与出版，提升科学研究的共利用程度，保障科学信息的长期保存，利用网络自由传播而发起的运动，是 21 世纪初迅速发展的一种新的学术文献出版和学术交流方式。这种方式充分实现了学术信息的最大使用价值，强调了学术信息的可获得性和知识的共享。即，通过数字技术和网络化通信，任何人都可以及时、免费、不受任何限制地通过网络获取各类学术信息。

9.1.2　开放获取学术资源的特点与类型

开放获取学术资源是具有学术研究价值的自然科学和社会科学电子资源，是指作者或著作权人授权全世界的任何用户，可以在互联网上免费获取，并允许下载、复制、发布、超链或其他任何法律许可的用途，前提是尊重其版权。这类电子资源反映了学术研究的发展动态与科研成果，是进行学术研究、科研创造重要的信息资源，已成为图书馆（或各种信息机构）订购商业电子资源以外的重要信息源，是网络免费学术信息资源很重要的一大类。具有①数字化；②网络存档；③以免费方式获取信息，几乎没有权限的限制的特点。

开放获取学术资源的类型包括开放获取期刊、电子预印本、开放获取图书、开放获取课件、开放获取学位论文、开放获取会议论文等。本章重点介绍开放获取期刊和电子预印本的检索。

1. 开放获取期刊（Open Access Journals）

开放获取期刊是一种论文经过同行评审的、符合学术规范、达到一定水平的网络化免费期刊。开放获取期刊大都采用通过向作者收取出版费，读者免费获取方式，几乎没有权限的限制，开放获取期刊将是未来学术期刊的发展趋势。

2. 电子预印本（e-Preprint）

预印本是指研究成果未正式发表，为达到与同行及时进行学术交流目的，自愿先在学术会议上或通过互联网发布的研究论文、科技报告等。电子预印本利用互联网集中、序化、传播和共享学术信息，与正式发布相比，具有：不存在时滞问题，交流速度快；管理规范，内容专业，可靠性高的特点。在国际学术界已获得广泛认可，其传播范围日益扩大，共享作用日趋凸显。

9.2　开放获取期刊数据库

9.2.1　Socolar

1. 概况

Socolar 是中国教育图书进出口公司开发管理的开放获取（OA）资源一站式服务平台，对世界上重要的开放获取（OA）学术资源进行全面的收集和整理，提供统一检索和全文链接服务。Socolar 目前包含 11739 种开放获取（OA）期刊、1048 个开放获取（OA）仓储，总计超过 2387 万篇期刊全文。涵盖农业和食品科学、艺术和建筑、生物学和生命科学、商学与经济学、化学、地球与环境科学、综合类目、健康科学、历史与考古、语言和文学、法律和政治学、数学与统计、哲学和宗教、物理学和天文学、一般科学、社会科学、工程与技术、图书情报学等 18 个学科。网址为 http://www.socolar.com。

2. 检索方式及检索方法

Socolar 主页如图 9-2-1 所示，提供以下 3 种检索方式。

图 9-2-1　Socolar 主页

（1）期刊浏览。按学科或刊名字顺浏览期刊，参见图 9-2-1 左方。

（2）文章检索。在检索框输入检索词，检索词可为单个词或词组，词组可加双引号实现精确检索，可实现单字段检索，参见图 9-2-1 上方。

（3）高级检索。点击图 9-2-1 上方的"高级检索"链接，进入高级检索界面。高级检索可使用布尔检索技术的逻辑与、或、非对检索词进行组配，可实现对字段、年代和学科的限制检索，如图 9-2-2 所示，检索方法参见实例。

图 9-2-2 高级检索界面及检索提问式输入

3. 检索实例

检索课题：大气污染控制的经济评价

1）编制检索策略

（1）分析课题，选检索词。

大气污染控制——air pollution control；

经济评价——economic evaluation

（2）使用相关检索技术，构造检索提问式。

[air pollution control and economic evaluation] /ti

（3）检索要求：年代限制在 2008～2012 年，其他条件不限。

2）实施检索策略

（1）登录网址 http://www.socolar.com 到 Socolar 主页，打开高级检索界面，输入检索提问式，如图 9-2-2 所示。

（2）点击"Article Search"按钮，得检索结果及题录，如图 9-2-3 所示。

（3）选择相关度较高的第 1 篇，点击"Abstract"阅读文摘，或点击"Full Text"在线阅读全文或下载全文。

图 9-2-3　检索结果及题录

9.2.2　DOAJ

1. 概况

DOAJ（Directory of Open Access Journal，开放获取期刊指南）是由瑞典隆德大学图书馆主办的一份开放获取期刊目录检索系统，均为学术性、研究性期刊，其质量源于所收录期刊实行同行评审，或者有编辑作质量控制，对学术研究有很高的参考价值。DOAJ 目前免费提供超过 7681 种期刊的篇目检索和 3711 种期刊的全文检索，论文 79 万多篇。涵盖农业与食品科学、艺术与建筑、生物与生命科学、商业与经济学、化学、地球与环境科学、一般工程、健康科学、历史与考古、语言与文学、法律与政治学、数学与统计、哲学与宗教、物理与天文、一般科学、社会科学、技术与工程 17 个学科。网址为 http://www.doaj.org。

2. 检索方式及检索方法

DOAJ 主页如图 9-2-4 所示，提供 2 种检索方式：

（1）期刊浏览。点击图 9-2-4 左侧的"Browse"可按学科、刊名字顺浏览期刊。

（2）检索。期刊检索，在 Journals 下方的检索框输入具体刊名可检索该刊，如在检索框输入关键词，可检索与该关键词有关的期刊及刊载的论文；论文检索，在 Articles 下方的检索框可输入单个关键词或短语检索论文，检索框之间可使用布尔检索技术的逻辑与、或、非对关键词或短语进行组配，可实现对字段的限制，如图 9-2-4 所示。检索方法参见实例。

3. 检索实例

检索课题：移动机器人导航研究

1）编制检索策略

（1）分析课题，选检索词。

移动机器人——mobile robot；导航——navigation

（2）使用相关检索技术，构造检索提问式。

［mobile robot and navigation］/ti

图 9-2-4　DOAJ 主页

2）实施检索策略

（1）登录网址 http://www.doaj.org 到 DOAJ 主页，选择论文检索方式，输入检索提问式，如图 9-2-5 所示。

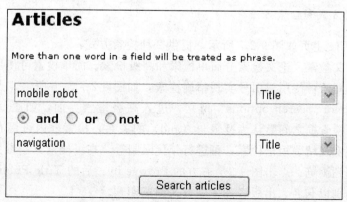

图 9-2-5　论文检索界面及检索提问式输入

（2）点击"Search article"按钮，得检索结果及题录，如图 9-2-6 所示。

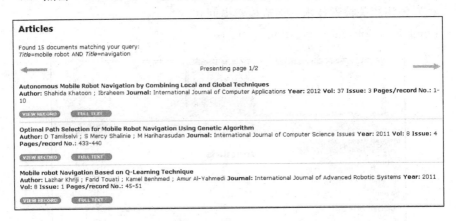

图 9-2-6　检索结果及题录

（3）点击图 9-2-6 中的"VIEW RECORD"按钮阅读文摘，点击"FULL TEXT"按钮在线阅读或下载全文。

9.2.3　HighWire

1. 概况

HighWire 是美国斯坦福大学著名的学术出版商，已成为全世界 3 个最大的提供免费学术论文全文的出版商之一，收录期刊 1685 种，其中有著名的《Science》（科学）、《PNAS》（美国科学院院刊）和《JAMA》（美国医学协会期刊）等。涵盖自然科学、生物科学、医学、人文和社会科学 5 大学科领域。网址为 http://highwire.org。

2. 检索方式和检索方法

HighWire 主页如图 9-2-7 所示，提供 2 种检索方式：

（1）论文检索。论文检索分简单检索和高级检索。简单检索可使用单个检索词或短语，短语可使用双引号实现精确检索，如图 9-2-7 左方所示。点击简单检索框下的"more search options"链接，进入高级检索界面，如图 9-2-8 所示。高级检索的检索框之间默认为逻辑与（and）的关系，检索框内可用布尔逻辑进行组配，可实现精确短语检索，可进行年代限制等，高级检索方法参见实例。

（2）期刊浏览。点击图 9-2-7 右方的 Browse by：后的 Title Publisher Topic 链接，可分别以刊名、出版者和主题方式浏览期刊。

图 9-2-7　HighWire 主页

图 9-2-8　高级检索界面及检索提问式输入

3. 检索实例

检索课题：传感器网络应用研究

1）编制检索策略

（1）分析课题，选检索词。

传感器网络——sensor network；应用——applications

（2）使用相关检索技术，构造检索提问式。

[sensor network and application] /ti

（3）检索要求：时间限制在 2000～2012 年，其他不限。

2）实施检索策略

（1）登录网址 http://highwire.org 到 HighWire 主页，打开高级检索界面，输入检索提问式，设定检索时间，如图 9-2-8 所示。

（2）点击"Search"按钮，得检索结果及题录，如图 9-2-9 所示。

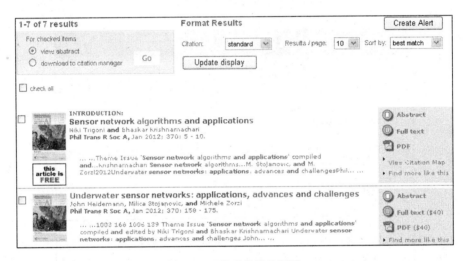

图 9-2-9　检索结果及题录

（3）点击题录右栏的"Abstract"阅读文摘。

（4）免费、付费论文的识别。题录左栏有 this article is FREE 字样或右栏 Full Text、PDF 图标无价格显示，如第 1 篇，表示该论文全文可免费获得；反之，如第 2 篇，表示该论文需付费方能获得全文。

（5）点击第 1 篇的 Full Text 或 PDF 图标可在线阅读或下载全文。

9.2.4　SSRN eLibrary

1. 概况

SSRN（Social Science Research Network，社会科学研究网），由 Accounting Research Network（会计研究网）、Cognitive Science Network（认知科学网）、Corporate Governance Network（协会管理网）、Economics Research Network（经济研究网）、Entrepreneurship Research & Policy Network（企业研究

和政策网）、Financial Economics Network （财政经济网）、Health Economics Network （卫生经济网）、Information Systems & eBusiness Network （信息系统及电子商务网）、Legal Scholarship Network （法律学术网）、Management Research Network （管理研究网）、Political Science Network （政治科学网）、Social Insurance Research Network （社会保险研究网）、Sustainability Research & Policy Network （可持续研究及政策网）和 Humanities Network （人文科学网）14 个社会科学分支专门研究网络组成，有数百种电子期刊，可通过 SSRN eLibrary （电子图书馆）检索摘要数据库和全文数据库。网址为 http://www.ssrn.com。

2. 检索方式和检索方法

SSRN eLibrary 主页如图 9-2-10 所示，主要提供两种检索方式：

（1）论文检索。点击图 9-2-10 右栏的"Search"按钮，进入论文检索界面，参见图 9-2-12。论文检索界面提供主题和作者两种检索途径，检索框之间默认为布尔逻辑与（and）的关系。主题检索框内关键词之间空一格默认为布尔逻辑与（and）的关系（注意：不使用 and）；短语可加双引号" "进行精确检索，可进行字段和年代限制。

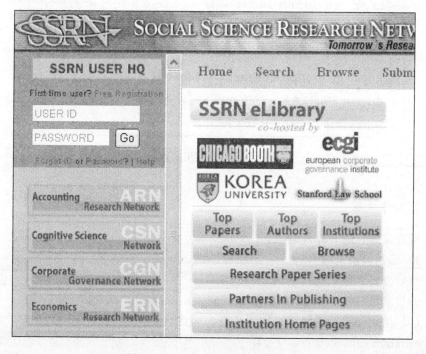

图 9-2-10　SSRN 电子图书馆主页

（2）期刊浏览。点击图 9-2-10 右栏的 "Browse" 按钮，进入期刊浏览界面，如图 9-2-11 所示。根据需求，可浏览相关学科的网络期刊。

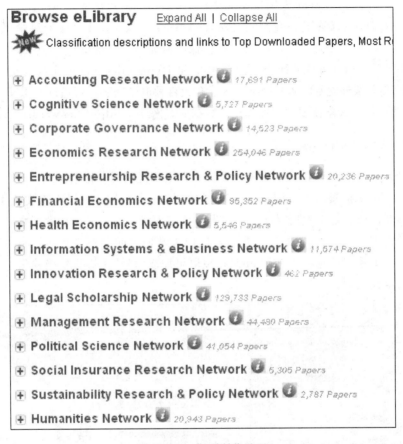

图 9-2-11 期刊浏览界面

3. 检索实例

检索课题：通货膨胀的成因

1）编制检索策略

（1）分析课题，选检索词。

通货膨胀——inflation；成因——causes

（2）使用相关检索技术，构造检索提问式。

inflation causes/ti

2）实施检索策略

（1）登录网址 http://www.ssrn.com 到 SSRN eLibrary 主页，打开论文检

索界面，输入检索提问式，如图 9-2-12 所示。

图 9-2-12　论文检索界面及检索提问式输入

（2）点击 "Search" 按钮，得检索结果及题录，如图 9-2-13 所示。

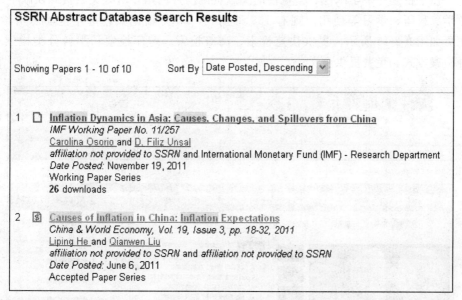

图 9-2-13　检索结果及题录

（3）在图 9-2-13 显示的页面中，标题前的图标为空白，如第 1 篇，表示该论文全文可免费获得；标题前的图标有 $ 符号，如第 2 篇，表示该论文需付费方能获得全文。

　　(4) 点击第 1 篇标题进入文摘页面, 如图 9-2-14 所示, 点击图上方的 One-Click Download 链接即可下载获得 PDF 格式的全文。

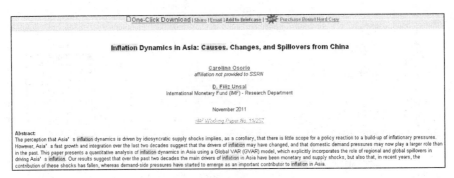

图 9-2-14　文摘及全文下载链接页面

9.2.5　其他开放获取期刊数据库选介

1. 中国科学院科技期刊开放获取平台 (http://www.oaj.cas.cn)

　　该平台是一个学术性、公益性的文献资源门户网站, 所有文献资源仅限个人教学、科研、学习等使用。现有 155 种期刊, 65 万篇论文, 每年呈动态增长, 主页如图 9-2-15 所示。提供快速检索、高级检索、跨库检索和学科分类检索 4 种检索方式, 免费提供全文。

图 9-2-15　中国科学院科技期刊开放获取平台主页

2. 开放阅读期刊联盟（http://www.oajs.org）

由中国高校自然科学学报研究会发起的开放阅读期刊联盟，加入该联盟的会员期刊承诺，期刊出版后，在网站上提供全文免费供读者阅读、下载，主页如图 9-2-16 所示。通过主页提供各会员期刊列表及网站的链接，点击期刊网站链接即可阅读或下载全文。

图 9-2-16　开放阅读期刊联盟主页

3. Academic Journals（http://www.academicjournals.org）

Academic Journals（学术期刊）学科涵盖医学、社会科学、生物科学、农业科学、自然科学、工程、艺术与教育、法律及其他 9 大领域，收录期刊 100 余种，主页如图 9-2-17 所示。点击主页上方的 journals 浏览期刊，点击"search"输入关键词检索相关论文，可免费下载全文。

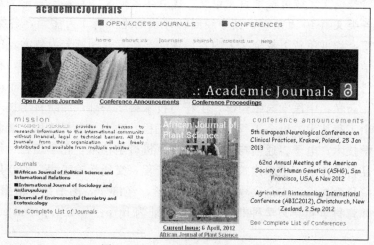

图 9-2-17　Academic Journals 主页

4. 经济学论文库（http：//econpapers. repec. org）

经济学论文库（EconPapers）提供经济领域工作论文 44 万余篇，可免费阅读、下载全文，期刊论文 69 万余篇，可检索和浏览到论文题录文摘信息，部分可以免费下载全文，主页如图 9-2-18 所示。提供快速检索（Quick Search）和高级检索（Advanced Search）2 种方式检索论文。

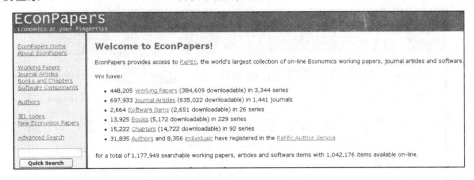

图 9-2-18　EconPapers 主页

9.3　电子印本系统

9.3.1　中国科技论文在线

1. 概况

中国科技论文在线可检索首发论文、优秀学者论文、自荐学者论文及期刊论文，现有各类文献 10 万余篇，其中经同行评议的论文有 1 万多篇，各类期刊论文 7 万多篇，均可免费下载全文。内容涵盖的学科专业领域分为数学，信息科学与系统科学，力学物理学，化学，天文学，地球科学，生物学，农学，林学，畜牧、兽医科学，水产学，基础医学，临床医学，预防医学与卫生学，军事医学与特种医学，药学，中医学与中药学，工程与技术科学基础，测绘科学技术，材料科学，矿山工程技术，冶金工程技术，机械工程，动力与电气工程，能源科学技术，核科学技术，电子、通信与自动控，计算机科学技术，化学工程，纺织科学技术，食品科学技术，土木建筑工程，水利工程，交通运输工程，航空航天科学技术，环境科学技术，安全科学技术，管理学，经济学，图书馆、情报与文献，教育学，体育科学和交叉学科专题 43 类。网址为 http：//www. paper. edu. cn。

2. 检索方式和检索方法

中国科技论文在线主页如图 9-3-1 所示，提供 3 种检索方式：

（1）快速检索。在论文快搜框输入一个检索词或多个检索词（多个检索词之间空一格），点击"搜索"按钮即可，如图 9-3-1 所示。

图 9-3-1　中国科技论文在线主页

（2）高级检索。点击"搜索"按钮后的"高级检索"链接，进入高级检索界面，如图 9-3-2 所示。高级检索方式可实现字段间的布尔逻辑与、或、非组配，模糊匹配和精确匹配，可进行年代限制。

（3）首发论文专业分类浏览。点击学科专业类名链接，即可浏览该专业的最新首发论文。

3. 检索实例

检索课题：网络入侵检测系统

1）编制检索策略

（1）分析课题，选检索词。

网络；入侵检测

（2）使用相关检索技术，构造检索提问式。

网络 and 入侵检测/题目/精确匹配

（3）检索要求：时间限制在 2010～2012 年。

2）实施检索策略

（1）登录网址 http：//www. paper. edu. cn 到中国科技论文在线主页，选择高级检索方式，输入检索提问式，如图 9-3-2 所示。

图 9-3-2　高级检索界面及检索提问式输入

（2）点击"检索"按钮，得检索结果及题录，如图 9-3-3 所示。

（3）点击 PDF 格式图标，即可获得全文，如图 9-3-3 所示。

图 9-3-3　检索结果及题录

9.3.2　中国预印本服务系统

1. 概况

中国预印本服务系统分为国内预印本服务子系统和国外预印本门户

（SINDAP）子系统。国内预印本服务子系统收录国内科技工作者提交的学术性论文，实现了作者自由提交、检索、浏览预印本论文全文、发表评论等功能。作者可注册后直接提交自己论文的电子文稿，系统只对作者提交的论文进行是否遵守国家政策法规、是否符合系统格式、是否属于学术论文进行简单审核，具有发布时差短的特点。论文内容涵盖自然科学、医药科学、人文与社会科学、工程与技术科学和农业科学 5 大类，各类下面又划分为若干个二级类。网址为 http://prep. istic. ac. cn。

2. 检索方式和检索方法

中国预印本服务系统主页如图 9-3-4 所示，提供两种检索方式：

（1）分类浏览。是系统默认的方式，点击图 9-3-4 上方的"分类浏览"链接即可按学科浏览相关论文。

（2）论文检索。点击图 9-3-4 左方的"文章检索"链接，进入论文检索界面，如图 9-3-5 所示。论文检索方式可实现检索词的布尔逻辑与、或、非组配，可进行学科分类和字段限制。

图 9-3-4　中国预印本服务系统主页

图 9-3-5　论文检索界面

3. 检索实例

检索课题：图书馆、情报与文献学的相关研究论文

分析课题，确定检索方式。该课题涉及图书馆、情报与文献学学科论文的检索，宜选用分类浏览方式。登录网址 http://prep.istic.ac.cn 到中国预印本服务系统主页。检索过程如下：

（1）点击"人文与社会科学"链接（参见图 9-3-4），进入下一级学科，如图 9-3-6 所示。

图 9-3-6　下一级学科显示

（2）点击"图书馆、情报与文献学"链接，得检索结果及论文题录，如图 9-3-7 所示；点击标题链接即可获得论文全文。

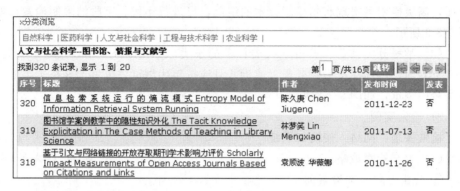

图 9-3-7　检索结果及论文题录

9.3.3　arXiv. org 与 viXra. org

1. arXiv. org（http://arxiv. org）

arXiv. org 是世界上最大的电子预印本库，现由美国康奈尔大学图书馆（Cornell University Library）进行维护和管理，收录的论文须符合康奈尔大学的学术标准，数据库内容涵盖物理、数学、非线性科学、计算机科学、定量生物学、定量金融学和统计学 7 个学科。

1）检索方式和检索方法

arxiv. org 主页如图 9-3-8 所示，提供 3 种检索方式：

（1）简单检索。在检索框输入检索词，可进行字段限制，点击"Go!"按钮

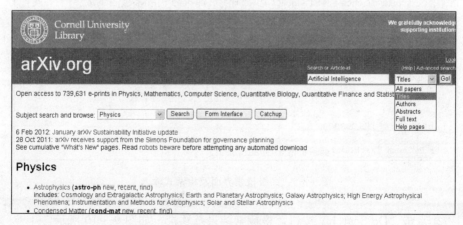

图 9-3-8　arXiv. org 主页

即可，参见图 9-3-8 右上方。

　　（2）高级检索。点击图 9-3-8 右上方的 Advanced search 链接进入高级检索界面，高级检索可实现布尔检索技术的组配，可进行年代、字段的限制检索，如图 9-3-9 所示。

　　（3）学科分类浏览。点击学科类目下的子类（如 Physics-Astrophysics）进入浏览界面，可选择按最新或最近或近几月或按年代浏览，也可选择在子类的下分类目中浏览，如图 9-3-8 所示。

　　2）检索实例

　　检索课题：网络入侵防御系统

　　（1）编制检索策略。

　　① 分析课题，选检索词。

　　网络——networks；入侵防御系统——intrusion prevention systems

　　② 使用相关检索技术，构造检索提问式。

　　networks and intrusion prevention systems

　　③ 检索要求：时间不限。

　　（2）实施检索策略。

　　① 登录网址 http://arxiv.org 到 arXiv.org 主页，选择高级检索方式，输入检索提问式，如图 9-3-9 所示。

图 9-3-9　高级检索界面及检索式输入

　　② 点击"Do Search"按钮，得检索结果及题录，如图 9-3-10 所示。

　　③ 点击 pdf 连接，即可获得全文，如图 9-3-10 所示。

图 9-3-10　检索结果及题录

2. viXra. org（http://vixra.org）

　　因 arXiv 预印本库上传的论文越来越多，arXiv 为了保证质量，采取审核机制，符合康奈尔大学学术标准的论文才能投稿上传。viXra. org 是一个新的预印本库，由康奈尔大学图书馆进行维护和管理，对新的科学论文不审核，采取完全开放方式，倡导作者将文稿上传到数据库，可免费下载全文，内容涵盖物理、数学、生物、化学及人文科学等学科。viXra. org 主页如图 9-3-11 所示，提供简单检索和学科分类浏览 2 种方式，具体使用方法可参照 arXiv. org。

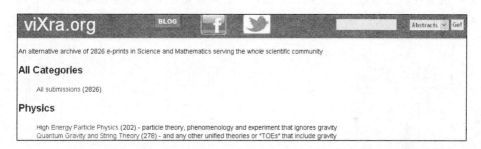

图 9-3-11　viXra. org 主页

9.3.4　其他电子印本系统选介

1. 奇迹文库（http://www. qiji. cn/eprint）

　　主要收录原创科研论文、综述、学位论文、讲义及专著（或其章节）的预印本及电子书，已积累了一定规模的文献资源，内容涵盖自然科学、工程科学与技术、人文与社会科学等主要基础学科，主要提供从学科分类的方式检索相关预印本资源。

2. SINDAP（http://egroups. istic. ac. cn）

　　SINDAP（国外预印本门户）是 NSTL 建立的一个国际预印本门户网站，汇聚了世界知名的 17 个预印本系统，实现了国外预印本文献资源的一站式检索。输入的检索式，可同时在汇聚的所有预印本系统中进行检索，并可获得相应系统提供的预印本全文。目前本系统已累积约 70 万条预印本文献记录。

3. CogPrints (http://cogprints.org)

CogPrints 是关于认知科学的电子存档库，包括已出版的、同行评审期刊的论文，也包括未正式出版、未经评审的预印本。内容涵盖心理学、神经科学、行为科学、语言学、计算机科学、哲学生物学等认知学科的相关领域，提供年代、学科浏览、简单检索 3 种检索方式。

4. E-print Network (http://www.osti.gov/eprints)

E-print Network（电子印本网络）收录完全开放使用的电子印本科学信息资源，涵盖生物与医学，矿物燃料，生物技术，地球科学，化学，材料科学，计算机技术与信息科学，数学，能量存储、转换与利用，工程，等离子物理与聚变，环境管理与再生技术，电力传输、配电与电厂，环境科学与生态，可再生能源，裂变与和技术等学科主题，可按学科分类浏览、简单检索和高级检索方式检索相关信息。

第10章 信息资源的分析与利用

10.1 信息资源的收集、整理与分析

10.1.1 信息资源的收集原则与整理方法

检索各种信息资源的目的在于利用，信息资源作为可再生的资源，在科技领域中从研究项目的立项、研制到成果鉴定、专利的申请，从技术转让或引进到新产品的开发，根据不同的目的无不需要利用有关的信息。利用信息不仅能扩展人们的视野，避免重复别人的研究工作，同时也使已有的信息达到产生新知识的效能。因此，占有相关信息已成为科学研究工作的前提条件。

1. 收集原则与方法

1) 收集原则

信息资源的收集范围原则应依据研究课题的学科专业性质和与其他相邻学科的关系、信息需求的目的来确定收集的深度与广度。

2) 收集类型

收集的信息类型主要依据研究课题的特征来确定。一般而言，基础研究侧重于利用各种著作、学术论文、技术报告中提供的信息，应用研究侧重于利用各种学术论文、专利说明书、技术报告、技术标准、参考工具书中提供的信息。主要有以下几种：

（1）对于科技攻关方面的课题，收集的重点通常是科技报告、专利说明书、会议论文和期刊论文等。

（2）对于技术改造、革新方面的课题，收集的重点通常是专利说明书、技术标准、科技报告和期刊论文等。

（3）对于综述性质的课题，收集的重点通常是近期发表的一次、三次文献，包括期刊论文、会议论文、专著、年鉴、手册、科技报告等以及综述、述评、进展报告、动态、专题论文等。

（4）对于成果鉴定方面的课题，收集的重点通常是专利说明书，也包括相关的科技成果公报、期刊论文和专业会议论文。

3) 收集的方法

概括起来有系统检索、访问考察和科学实验法。

（1）系统检索就是利用手工检索工具和计算机检索系统，查找已公开发布的

信息。即先检索三次文献，如各种参考工具书，以便明确课题要求，汇集查找线索；再通过手工检索工具和计算机检索系统查找有价值的文献信息；最后通过有关途径获得各种原始文献。具体检索方法参见第 3～9 章。

（2）访问考察就是有目标地进行专访、座谈、实地参观或参加有关的国内外学术会议进行交流等，收集未公开发布的信息，以弥补系统检索的不足。

（3）科学实验法就是将实验中观察到的事物变化的过程、条件、测量的数据、实验用仪器设备等有价值的信息记录下来。

　2. 整理方法

对收集的信息须进行一系列的科学整理，整理方法主要包括形式整理和内容整理。

（1）形式整理。首先将收集的信息按题名、编著者、信息来源出处、内容提要顺序进行著录；其次按各条信息涉及的学科或主题进行归类，并著录分类号和主题词；第三将著录和归类后的信息，按分类或主题进行编号、排序，使之系统化、有序化。

（2）内容整理。通读经形式整理后的信息，从信息来源、发表时间、可靠性与先进性、理论技术水平及实用价值等方面进行评价鉴别，剔除实际意义不高和参考价值不大的部分。对经通读选择出的各条信息中涉及与研究课题有关的观点（论点、论据、结论等）和图表数据提取出来，对相同的观点进行合并，相近的观点进行归纳，各种图表数据进行汇总，编号排序供下一步分析、利用。

10.1.2　信息的分析方法

信息分析是在充分占有有关信息的基础上，把分散的信息进行综合、分析、对比、推理重新组成一个有机整体的过程。用于信息分析的方法有逻辑学法、数学法和超逻辑想象法三大类，其中逻辑学法是最常用的方法。逻辑学法具有定性分析、推论严密、直接性强的特点，属于这一类的常用方法有综合法、分析法。

　1. 综合法

综合法又称综合归纳法，是把与研究课题有关的各种分散信息，如相关的情况、数据、素材等，按特定的目的汇集、归纳形成系统、完整的信息集合。也就是从事物各种错综复杂的现象中探索它们之间的内在联系，以便从整体角度全面考察事物发展的全过程，从而获得新的认识和新的结论，是一种常用的定性分析方法。综合的具体方法有简单综合、分析综合和系统综合。

（1）简单综合。把原理、观点、论点、方法、数据、结论等有关信息一一列举，进行综合归纳而成。

（2）分析综合。把有关的信息，在进行对比、分析、推理的基础上归纳综合，并可得出一些新的认识或结论。

（3）系统综合。一种范围广、纵横交错的综合方式。把获得的信息从纵的方面综合与之有关的历史沿革、现状和发展预测，从中得到启迪，为有关决策提供借鉴。从横的方面综合与之有关的相关学科领域、相关技术，从中找出规律，博采众长，为技术创新的起点或技术革新的方案提供相关依据。

2. 分析法

分析法是将复杂的事物分解为若干简单事物或要素，根据事物之间或事物内部的特定关系进行分析，从已知的事实中分析得到新的认识与理解，产生新的知识或结论。分析法按分析的角度不同，常用的有对比分析法、相关分析法和数学分析法。

（1）对比分析法。是确定事物之间差异点和共同点的逻辑方法，是分析综合、推理研究的基础，也是信息分析中常用的一种分析方法。按对比的目的有：①可对同类事物不同方案、技术、用途进行对比，即从对比分析中找出最佳方案、最优技术、最佳用途；②可对同类事物不同时期技术特征进行对比，即从对比分析中了解发展动向和趋势；③也可对不同事物进行类比，即从不同事物的类比中找出差距，取长补短。按对比的方式有文字分析对比，数据分析对比，图、表分析对比等。

（2）相关分析法。利用事物之间或事物内部各个组成部分之间存在的某种相关关系，如利用事物的现象与本质、起因与结果，事物的目标与方法和过程等相关关系，从一种或几种已知事物特定的相关关系顺次地、逐步地来预测或推知未知事物，或获得新的结论。

（3）数学分析法。是将两个或两个以上有某种函数关系的信息数据用数学公式进行研究的方法。即对事物做定量描述，把事物间的数量关系抽象成各种数据、曲线和模型，从中得出事物发展规律的一种定量分析方法。

10.2　信息资源的利用与再生

10.2.1　信息资源的利用类型

信息资源利用涉及的范围很广，它对科学研究和技术应用产生的作用具有间接性的特点，归纳起来主要有两大类型。

1. 战略性、规划性研究项目

如科技发展对策研究、产业发展对策，研究项目的立项论证等，前者是根据国力发展的需要，利用国内外科技发展中采用过的决策、先进技术或经验教训等方面的信息，为解决带有全局性、方向性、决策性的问题，制订科技发展规划、科技发展的资源、人力条件及重点与优先发展的技术领域等提供参考与借鉴；后者是针对研究项目涉及的主要研究特征和理论、技术内容，利用相关的大量信息，对国内外相关的研究进行比较分析，论证本项目是否属重复研究，有无研究价值，是否能推广应用等，为项目立项的可行性、先进性和实用性提供参考依据。主要以技术经济信息研究和技术水平动向信息研究体现，研究范围较广。技术经济信息研究是以特定范围的技术经济信息为具体研究内容，即对一项技术的先进性、实施的可行性和经济上的合理性作技术经济方面的比较、分析，具有较强的政策性和针对性。技术水平动向信息研究是以特定技术与国内外的现实水平及未来发展趋势为具体研究内容，即将特定技术与国内外相关的技术水平进行比较、分析，找出之间的差距，确定研究工作的起点，具有较强的预测性和针对性。

2. 战术性、短期性研究项目

如研究成果鉴定和专利申请查新，研究过程中的技术攻关等，利用各类信息中所提供的相关原理、方法、技术、工艺、设备等为研究成果的鉴定级别提供相关的背景材料，为专利申请是否具备新颖性条件提供依据，为技术攻关提供参考借鉴。又如技术引进或转让、新产品的开发研究等，也需要利用相关的信息来论证引进技术的先进性，是否适合国情，转让技术是否会侵犯别人的知识产权，新产品的开发是否具有新颖性和市场价值等。主要以专题信息研究体现，研究范围较窄。以与某项专门课题有关的信息为具体研究内容，为一项新技术、一种新工艺、一个新产品、一套新装置、一类新材料等的研制与应用提供技术参考借鉴或水平评价的背景材料。

10.2.2　信息资源的再生

信息资源的再生是对有关信息进行分析、利用产生新知识的结果，用一定的形式表现出来。根据利用信息的目的和类型，可用信息研究报告和学术论文的形式再现。信息研究报告是在占有大量信息的基础上，以信息为主要研究对象，对有关问题进行分析、预测撰写而成。学术论文是将占有的有关理论、方法、经验、结论等信息进行处理、转换或直接借鉴，并与研究实践相结合撰写而成。

1. 信息研究报告的撰写

1) 信息研究报告的类型与特点

信息研究报告的目的一般是为领导决策部门、行业决策部门提供参考，是在占有大量信息的基础上，结合课题的研究目标与需求，对有关信息进行系统整理、分析、归纳综合叙述，并提出分析结论或建议。信息研究报告根据研究的目标和使用的对象不同，主要以综述、述评和专题报告的形式再现。

（1）综述。具有高度浓缩同类或相似内容，使之系统化，只述不评的特点。根据涉及的内容和叙述的形式，有综合性综述、专题性综述和文摘性综述。综合性综述是针对某一学科或专题所作的全面、系统的叙述。专题性综述是针对某项特定的技术或产品所作的专门叙述。文摘性综述是将某一学科或专题的有关信息，用文摘方式所作的叙述。这类综述是近年发展起来的一种形式，既有综合性综述的特点，又具有一定的检索作用。

（2）述评。是在高度浓缩有关理论、观点、数据、结论等信息的基础上，并带有一定评价性，因而，述评除具有综述的特点外，其突出的特点是文中还包括作者本人的观点和建议。

（3）专题报告。是对某项专门课题，如某项技术的引进或出口、某项产品的开发与利用前景预测、某个项目的立项决策等而进行的专题信息研究。研究的结果可以是针对所提问题的判断和预测，也可以是某种建议或方案，因而同时具有综述和述评的特点。

2) 信息研究报告的结构

以上三类信息研究报告的结构主要由前言、正文、结论或建议、附录 4 部分组成。

（1）前言。包括：①对研究课题的目的、意义，研究内容、目标的简述；②信息检索范围；③检索策略；④检索结果。

（2）正文。主要内容的叙述部分。在整理分析信息的基础上，对涉及的国内外同类技术、同类产品、同类设备等信息进行归纳、分析与综合叙述。具体可按照综述或述评标题所涉及的事物，或专题研究的事物，以时间为序叙述，也可以事物的不同特征、不同应用领域分别叙述，然后归纳综合。如为述评还应包括分析、评论和建议。

（3）结论或建议。根据信息归纳、分析综合概述，按照研究课题的内容、目标，提出定性或定量的分析结论，其结论应与正文的叙述或评论紧密呼应。如为述评或专题报告，还应包括预测性建议。

（4）附录。将信息研究报告所引用的各条信息按主题或分类的原则编制成题录或文摘，可作为报告的附录，以供需要时查考。

2. 学术论文的撰写

学术论文是将新的学术观点或创造性研究成果或技术应用中新的发现等撰写成有论有据的、有所创新的科学记录,是将已有的信息和新获得的信息进行系统化处理并进行文字加工、科学编辑,实现信息再创造的过程。按论文撰写的不同目的,有科技论文和学位论文之分。

1) 科技论文的撰写

(1) 科技论文的特点。科技论文是表达、论证科学技术研究成果的一种科技写作文体,它有如下特点:

① 科学性。科技论文反映的科研成果是客观存在的自然现象和规律,论文中采用的数据、资料必须是真实可靠的,对各种概念的描述、专业术语的应用都是准确无误的。

② 创造性。科技论文价值的大小还要看它是否在前人研究的基础上有所发明和创新。

③ 专业性。科技论文是针对某个或几个学科专业来论证阐述自己的观点,行文中使用的都是科学的专业术语。

(2) 科技论文的结构。科技论文主要以期刊、会议文集的形式发表,一般由标题、作者署名、摘要、关键词和分类号、正文、参考书目组成。

① 标题。又称题名、题目,是文章中心内容的高度概括,即以简短、恰当的词语概括论文最重要的内容。因此标题的拟定必须准确表达文章的主要内容,恰当反映研究的范围和深度,用词要准确、精炼,所用的词语必须考虑到有助于关键词的选择,因此标题要选用实质性的词语,一般不超过 20 字,外文(英文)标题一般不宜超过 10 个实词。

② 责任者姓名。包括论文作者姓名和第一作者工作单位。个人成果应由个人署名,集体成果由承担研究工作的人员按贡献大小先后署名,既能体现研究成果的荣誉归属,又能体现文责的归属。

③ 摘要。是论文内容不加注释和评论的简短陈述。摘要应具有独立性和自含性,应包含与论文同等量的主要信息,是一篇完整的短文。一般应说明研究的目的、采用的研究手段、实验方法、结果和最终结论,不阅读全文,就能获得必要的信息。摘要中一般不用图、表、化学结构式和非公知公用的符号和术语,其篇幅中文摘要一般不超过 200~300 字,外文摘要不超过 250 个实词。

④ 关键词和分类号。关键词是从论文标题和全文中抽选最能代表论文主题的实质性词汇,一般为 3~8 个,应尽量选用《汉语主题词表》或其他相关词表提供的规范词,同时应注有对应的英文关键词。分类号是以论文主题涉及的学科门类为依据使用《中国图书馆图书资料分类法》选择确定,同时应尽可能注明

《国际十进分类法》（UDC）类号，便于信息处理和交换。

⑤ 正文。正文是论文的主体，可由研究对象、采用的实验方法与技术、所用的仪器设备、材料、实验观测结果、计算方法和编程原理、数据资料、图表、形成的论点、导出的结论等组成，要求客观真实、论点明确、重点突出、论据充分、逻辑严密。

⑥ 参考书目。即论文参考和引用的文献。科学具有继承性和连续性，在论文后列出所参考或引用过的参考书目，既反映了严肃的科学态度，也体现了尊重他人的劳动成果，同时也给论文使用对象提供查考原文信息的线索。根据国家标准，著作类按下列格式著录：作者姓名（译著者姓名）. 著作名称（书名）. 出版地：出版社，出版年。论文类按下列格式著录：作者姓名. 论文标题. 期刊名称，出版年，卷（期）：起讫页码。专利说明书格式为：专利号，发明名称，公开年份。

2）学位论文的撰写

（1）学位论文的特点。学位论文是本科生和研究生从事学习和科学研究活动的学术论文，与一般论文的写作不同，质量要求更高，结构更为严谨。概括说来，学位论文的特点主要有如下几点：

① 学术性。学位论文是对研究生或本科生多年学习成果及科研能力的检验，要体现一定的学术科研水平，对论文学术性的要求是比较高的。

② 具备一定规模。一般的学术论文只要有一定的创见，对篇幅的大小是没有强制性规定的。而学位论文对选题和规模均有相关规定，一般而言，学士学位论文应达到 1 万字左右，硕士学位论文应达到 2 万～4 万字，博士学位论文则要求 5 万字以上。

③ 观点明确、结构严谨。学位论文经过了慎重选题和较长时间及较广范围的资料收集，是较为成熟的学术性文章，具有观点明确、结构严谨的特点。

④ 语言规范，措辞得当。学位论文对于数字、标点、章节编号等均有书写标准，不能随意使用；要使用正规的书面语言，避免使用敏感字眼和毫无根据的绝对性判断语句。

⑤ 写作格式和装订方式统一。各院校的学位论文都有统一的写作格式和装订版式要求。

（2）学位论文的结构。学位论文主要以独立的形式提交存档，一般由封面、摘要和关键词、目次页、引言、正文、结论、致谢、参考书目、附录组成。

① 封面。封面格式如下（引自 GB7713—87）：

```
分类号……………                     密级……………
UDC……………                          编号……………
               学  位  论  文
         题名………………………………………………
         副题名……………………………………………
         作者姓名…………………………………………
         指导教师姓名（职务、职称、学位、单位名称及地址）……………
         申请学位级别……………专业名称……………
         论文提交日期……………论文答辩日期……………
         学位授予单位和日期…………………………
                                答辩委员会主席……………
                                    评阅人……………
                                年    月    日
```

② 摘要和关键词。摘要的撰写和关键词的选择与科技论文基本相同。为了便于国际交流，应有相应的英文摘要和关键词。为了评审，学位论文的摘要可以不受字数规定的限制。

③ 目次页。由论文的章、节、条等的序号、名称和页码组成。

④ 引言（或绪论）。为反映作者是否掌握了坚实的基础和系统的专门知识，是否对研究方案做了充分论证，引言应包括有关的综述以及理论分析等。

⑤ 正文。是论文的核心部分。由于学位论文级别的不同，研究工作涉及的选题、研究方法及深度、结果表达等都有一定的差异，不作统一规定。但实验结果应尽量采用具有直观性的图表，可提高论文的说服力。图一般用绘图纸绘制标准图，少使用照片图。论文中涉及的计量单位应使用法定计量单位，可参照国家标准 GB3100—93（国际单位制及其应用）和 G3101—93（有关量、单位和符号的一般原则）。

⑥ 结论。是对研究工作及过程中获得的事实为依据，对已有的结果或推论进行概括和评价，不是正文中各章节的简单重复，宜采用简洁的文字准确表达。

⑦ 致谢。包括对各种基金、合同单位、资助的组织或个人；协助完成研究工作和提供条件的组织或个人；提出建议和提供有关帮助的人；其他应感谢的组织或个人。

⑧ 参考书目。见科技论文部分。

10.3　信息研究报告撰写示例

课题名称：磷化工国内外专利信息研究

1. 前言

1.1　研究的目的、意义及内容

从磷矿石采选到磷化工产业是化学工业的一个重要分支。磷化工包括磷矿、元素磷、磷酸、磷酸盐、磷肥、磷化物、磷系农药、有机磷酸酯等八大类产品。至今磷化工产品的品种已超过 250 多种，其应用范围涉及农业、工业、国防和尖端高科技等 18 个学科领域的 60 多个分支。我国的磷化工品种已有 100 多种，主要生产基地分布在云南、四川、湖北、上海、江苏、浙江、安徽等省、市，其综合生产能力已跃居世界第二位。但是在我国，技术含量和附加值高的磷化工产品的品种和数量仍较落后，有些品种甚至还是空白。本课题的研究目的是针对磷及其磷化物（元素磷、磷酸及其盐类）、磷肥，磷系农药及有机磷酸酯的国内外专利信息进行全面、系统的收集，并对已有的相关专利技术进行综合与分析，为发展我国磷化工产业并具有一定的国际市场竞争力提出预测性建议。

1.2　检索策略与检索结果

1.2.1　检索策略

1）选择检索系统

根据信息需求，选择以下检索系统：

（1）中国专利数据库（光盘）；

（2）IBM 知识产权信息网；

（3）美国专利数据库。

2）确定检索词

根据研究课题的研究内容和目的，对信息检索应满足全面、系统的要求，确定检索词如下：

（1）中文检索词：1. 磷　2. 黄磷　3. 磷酸　4. 磷酸盐　5. 磷酸酯　6. 磷肥　7. 磷复（混）肥　8. 过磷酸盐　9. 磷酸铵　10. 钙镁磷　11. 磷酸钙　12. 磷酸二氢钾（钙）　13. 尿素磷铵　14. 农药　15. 杀虫剂　16. 杀菌剂

（2）外文检索词：1. manufacture　2. preparation　3. production　4. synthesis

（3）国际专利分类号（IPC）：1. C01B25—磷；及其化合物；2. C01B15/16—含磷的氧化物；3. C05—肥料；肥料制造

3）检索提问式

中文检索提问式：

检索式 1：1＋2＋3＋4＋5＋6｜7＋8＋9＋10＋11＋12＋13

检索式 2：1＊（14＋15＋16）

外文检索提问式：

检索式 3：C01B25＊（manufactuee＋preparation＋production＋synthesis）

检索式 4：C01B15

检索式 5：C05B＊(manufacture＋preparation＋production＋synthesis)

检索式 6：phosphoric＊(pesticide＋insecticide＋bactericide)

1.2.2　检索结果

1) 中国专利数据库（光盘）

使用检索式 1、2，命中 261 条（详见附录 A：磷化工中国专利文摘部分）。

2) IBM 知识产权信息网和美国专利数据库

使用检索式 3，命中 2233 条；使用检索式 4，命中 324 条；使用检索式 3，命中 694 条；使用检索式 4，命中 711 条（详见附录 B、C、D、E：磷化工国外专利题录部分）。

2. 磷化工中国专利技术概况综述

2.1　磷、黄磷、红磷制备工艺及设备（略）

2.2　磷酸及其盐类的生产工艺及设备（略）

2.3　磷肥生产新工艺及技术（略）

2.4　含磷复混肥的生产方法及技术（略）

2.5　有机磷酸酯的制备方法与技术（略）

2.6　磷系农药的制备方法（略）

3. 磷化工国外专利技术概况综述

3.1　磷及其化合物产品

磷及其化合物产品的技术主要集中在日本、美国、欧洲专利组织、捷克、英国、加拿大、澳大利亚、前苏联与俄罗斯。除一般的磷化物，如元素磷、黄磷、红磷、磷酸、磷酸盐的生产技术外，以上各国家和组织比较有代表性的磷系化合物技术分述如下。（略）

3.2　过磷酸盐

过磷酸盐的生产技术主要集中在美国，包括各类磷酸盐其生产方法，如连续生产法、两步法、离子交换法、电析法。净化方法以及精制方法等。（略）

3.3　磷系肥料

磷系肥料的生产技术主要集中在美国、日本、欧洲专利组织、捷克，其次为俄罗斯、澳大利亚、英国、挪威和南非。（略）

3.4　磷系农药

以磷酸酯、有机磷酸酯及磷酸衍生物构成磷系农药的几大类型，其中，以美国、日本、加拿大、欧洲专利组织、英国等国家和组织的技术为领先。（略）

4. 分析与建议

4.1　国内有关技术分析

经所得文献分析可知，有关磷酸及其盐类、磷肥、有机磷方面的专利技术的地理分布主要在四川省、辽宁省、云南省、山东省、北京市；磷系农药方面的专利技术主要分布在山东省、天津市、北京市、广西壮族自治区、四川省、辽宁省和江苏省。时间分布主要在 20 世纪 90 年代以后，1989 年以前公开有关技术 40 件；1990～1994 年公开有关技术 117 件；1995～1998 年公开有关技术 104 件。磷化工研究机构主要是四川大学、郑州工学院、云南磷业公司；农药研究机构主要是南开大学、山东农业大学。

4.2　国外有关技术分析

磷及其化合物方面共包括 27 个国家和组织的专利技术，合计 2233 件，排列前 10 位的是：日本（854 件）、美国（334 件）、欧洲专利组织（211 件）、捷克（176 件）、英国（127 件）、加拿大（120 件）、澳大利亚（84 件）、前苏联与俄罗斯（72 件）、中国（68 件）、世界专利组织（33 件）；过磷酸盐共包括 20 个国家和组织的专利技术，合计 324 件，排列前 5 位的是：美国（259 件）、欧洲专利组织（14 件）、澳大利亚（7 件）、日本（6 件）、英国（5 件）；磷肥共包括 27 个国家和组织的专利技术，合计 694 件，排列前 5 位的是：美国（241 件）、日本（115 件）、中国（49 件）、欧洲专利组织（48 件）、捷克（38 件）；磷系农药共包括 15 个国家和组织的专利技术，排列前 5 位的是：美国（350 件）、加拿大（152 件）、日本（92 件）、欧洲专利组织（57 件）、英国（33 件）。

4.3　建议

根据以上国内外概况与分析，充分利用国内丰富的磷资源，发展磷化工产业，扩展磷化工产品的品种，加入国际市场的竞争，在国内已具备较好的基础。应以四川、云南两省为重点发展基地，联合辽宁省、山东省、北京市、天津市等地的技术力量，进行磷资源及磷化工的开发和深加工。同时对国外的磷化工产品及技术要组织专门的研究，在磷化物品种方面要侧重研究日本、美国、欧洲专利组织、捷克、英国、加拿大、澳大利亚等的技术；在过磷酸盐品种方面侧重研究美国、欧洲专利组织的技术；在磷系肥料品种方面侧重研究美国、日本、欧洲专利组织、捷克等的技术；在磷系农药品种方面侧重研究美国、加拿大、日本、欧洲专利组织、英国等的技术。以先进的技术为依托，以开发高附加值的磷的深加工产品为主导，使我国的磷化工产品具有相对特色，从而占有一定的国际市场。

附录　磷化工国内外专利信息文摘与题录
附录 A　磷化工中国专利信息文摘（略）
附录 B　国外专利信息题录——磷及磷化物（略）

　附录 C　国外专利信息题录——磷酸盐及过磷酸盐（略）

　附录 D　国外专利信息题录——磷系肥料（略）

　附录 E　国外专利信息题录——磷系农药（略）

文摘与题录编制说明：

1）中国专利信息文摘的编制

（1）按 IPC 前四级分类号排检。

（2）每类下按专利公布日期排检。

2）国外专利信息题录的编制

（1）分为磷及磷化物、磷酸盐及过磷酸盐、磷系肥料、磷系农药 5 部分。

（2）每部分按国别代码字顺排检，同一国家按专利号顺序排检。

（3）每条题录由专利号、英文名称和中译文组成。

参 考 文 献

曹志梅，范亚芳，蒲筱哥. 2008. 信息检索问题集萃与实用案例. 北京：北京图书馆出版社

杜春雷，马方亮，张彤. 2007. 对欧洲专利的研究与利用. 现代情报，27（4）：219～220

孟广均等. 1998. 信息资源管理导论. 北京：科学出版社

彭蕾，赵乃瑄. 2005. 国内最具影响的三种电子图书系统. 图书馆理论与实践，（3）

世界知识产权组织. 2009. 国际外观设计分类表. 第9版中英文对照版. 国家知识产权局译. 北京：知识产
　权出版社

世界知识产权组织. 2009. 国际专利分类表使用指南. 第8版高级版. 国家知识产权局译. 北京：知识产权
　出版社

王曰芬，李晓鹏，等. 2003. 网络信息资源检索与利用. 南京：东南大学出版社

吴泉洲. 专利编号. 2011-12-22. http://wenku. baidu. com. ppt

俞靓. SciFinder Web 使用介绍. 2012-4-27. http://lib. jnu. edu. cn/UserFiles-/File/scifinder20110412. pdf

张惠惠. 2000. 信息检索. 北京：机械工业出版社

http://apps. isiknowledge. com

http://arxiv. org

http://cogprints. org

http://highwire. org

http://ieeexplore. ieee. org

http://lib. cqvip. com

http://lib. scu. edu. cn

http://nature. calis. edu. cn

http://onlinelibrary. wiley. com

http://ovidsp. tx. ovid. com

http://prep. istic. ac. cn

http://proquest. calis. edu. cn

http://pubs. acs. org

http://scitation. aip. org

http://vixra. org

http://worldwide. espacenet. com

http://www. academicjournals. org

http://www. aps. org

http://www. cnki. net

http://www. cqvip. com

http://www. doaj. org

http://www. duxiu. com

http://www. engineeringvillage2. com

http://www. jpo. go. jp

http://www. nature. com

http://www. oaj. cas. cn

http://www. oajs. org

http://www. oalib. com

http://www. osti. gov/eprints

http://www. paper. edu. cn

http://www. qiji. cn/eprint

http://www. sciencedirect. com

http://www. sipo. gov. cn.

http://www. socolar. com

http://www. springerlink. com

http://www. ssreader. com

http://www. ssrn. com

http://www. uspto. gov/patents/process/search

http://www. wanfangdata. com. cn

https://scifinder. cas. org